衛門府補任

市川久編　A5判上製　三五二頁　一〇〇〇〇円

弘仁二年（八一一）より建久九年（一一九八）までの左右衛門の任免ならびに兼任等を、数多の史料を駆使し編集する。「蔵人補任」「近衛府補任」に続く編者の労作。

平安時代の国家と祭祀

岡田荘司著　A5判上製　七三〇頁　八五四四円

宮地神道史学の再構築をめざし、厳密な史料批判に基づき、公祭・臨時祭・神社行幸等国家公的の祭祀儀礼の成立と展開を考察、平安祭祀の特質を論じる。

呪術世界と考古学

佐野大和著　A5判上製　四四六頁　八二五二円

磐雄博士の神道考古学を基に、更に一歩進めた力作。日本民有の信仰習俗である神道の生成課程を遺跡・遺物に関するも限定せず、幅広く信仰・習俗の面から考古学的に考察する。

年中行事御障子文注解

利雄著　A5判上製　四一二頁　一〇〇〇〇円

期の公事関係書をはじめ、国史・記録類はもとより、広く諸を検証して、正月の公事四九件以下三二一件にのぼる平安期例の公事の本源ならびにその実態を解明する。

院政時代史論集

槇道雄著　A5判上製　四三二頁　九五一五円

院政時代研究の歴史はさほど古くなく、多くの論争点を残している。本書で著者が院政時代という時代区分を設定して、その前後の時代をもふくめた研究成果を独自の視点のもとに展開。

天神信仰史の研究

真壁俊信著　菊判上製　七〇〇頁　二〇〇〇〇円

千年以上にわたる天神信仰の歴史研究の内、北野天満宮の創建までの歴史を論述、天神信仰の基本的な課題の本質に迫る。未開拓の分野に歴史的観点から著者独自の視点で、論説を展開。

近衛府補任

市川久編　A5判上製　全二冊　平均三二〇頁

大同二年（八〇七）既設の近衛府並に中衛府が、それぞれ左右近衛府に改編されてから、建久九年（一一九八）までの近衛府の大将・中将・少将の任免並に兼任等を各記録から編集する。

第一巻　大同二年～延久四年　九〇〇〇円
第二巻　延久五年～建久九年　九〇〇〇円

古事記 釈日本紀 風土記 の文献学的研究

小野田光雄著　A5判上製　七七四頁　二三〇〇〇円

古事記研究の大家として名高い著者が、四十年にわたって各種の雑誌・紀要に発表してきた論文を再編成、一冊にまとめる。散逸しやすい小論文を中心として編集したため、保存版として極めて有用である。

蔵人補任

市川久編　A5判上製　四八〇頁　一〇〇〇〇円

蔵人補任は、これまで群書類従巻第四十七（寛弘七年～建久八年）と続群書類従巻第九十（延喜十六年～同二十二年）が刊行されているが、本書は新たに諸史料を索捜、新編集したものである。蔵人が初めて置かれた嵯峨天皇の弘仁元年（八一〇）より、建久九年（一一九八）までの三百八十九年間の、蔵人頭・五位蔵人・六位蔵人を年ごとに列挙した補任次第である。付録に蔵人所別当補任・蔵人補任系図・詳細人名索引を収める。

定価は本体価格です（税別）

170-0004 東京都豊島区北大塚1-14-6
TEL 03-3915-5621 FAX 03-3915-5830
続群書類従完成会

季刊考古学・別冊１１号

日本考古学を語る

捏造問題を乗り越えて

目次

本誌は２００２年10月26日、日本出版会館において開催された第９回雄山閣考古学賞記念パネルディスカッション「日本考古学を語る」の全収録と、最近の考古学研究の活動の一部を口絵と共に紹介したものである。

表紙写真 兵庫県和田山町に所在する茶すり山古墳第一主体部内部、東側頭部に鏡三面、勾玉・管玉・ガラス玉が配置されている。
（写真提供 兵庫県教育委員会埋蔵文化財調査事務所提供）

木道と土抗

B地点で検出された木道と土坑。土坑内は干潮時には潮溜まりのような環境であったと推定され、潮の満ち引きを利用した貝のむき身処理用施設であった可能性がある。土坑内からは阿玉台式土器、礫、オニグルミの他、サメの歯、イヌの犬歯がそれぞれ2点出土しており、何らかの呪術的な意図を窺わせる。

中里貝塚

（写真は北区教育委員会提供）

木枠付土抗

A地点の砂堆層中から検出された大小2基の木枠付土坑。焼け石を用いたストーン・ボイリング、あるいは蒸し上げによる貝のむき身処理に使われたと考えられている。

貝層

A地点の厚さ4.5mの貝層。この部分はほとんどマガキ層からなり、上層に一部ハマグリ層が見られた。下面の砂層上には化石カキ礁が存在し、その中に杭が打ち込まれていた。

第四主体部の棺内　　遺体の頭部を取り囲んで、3連の玉類が見える

墳丘頂部の様子

赤坂今井
墳丘墓

（写真は京都府峰山町教育委員会提供）

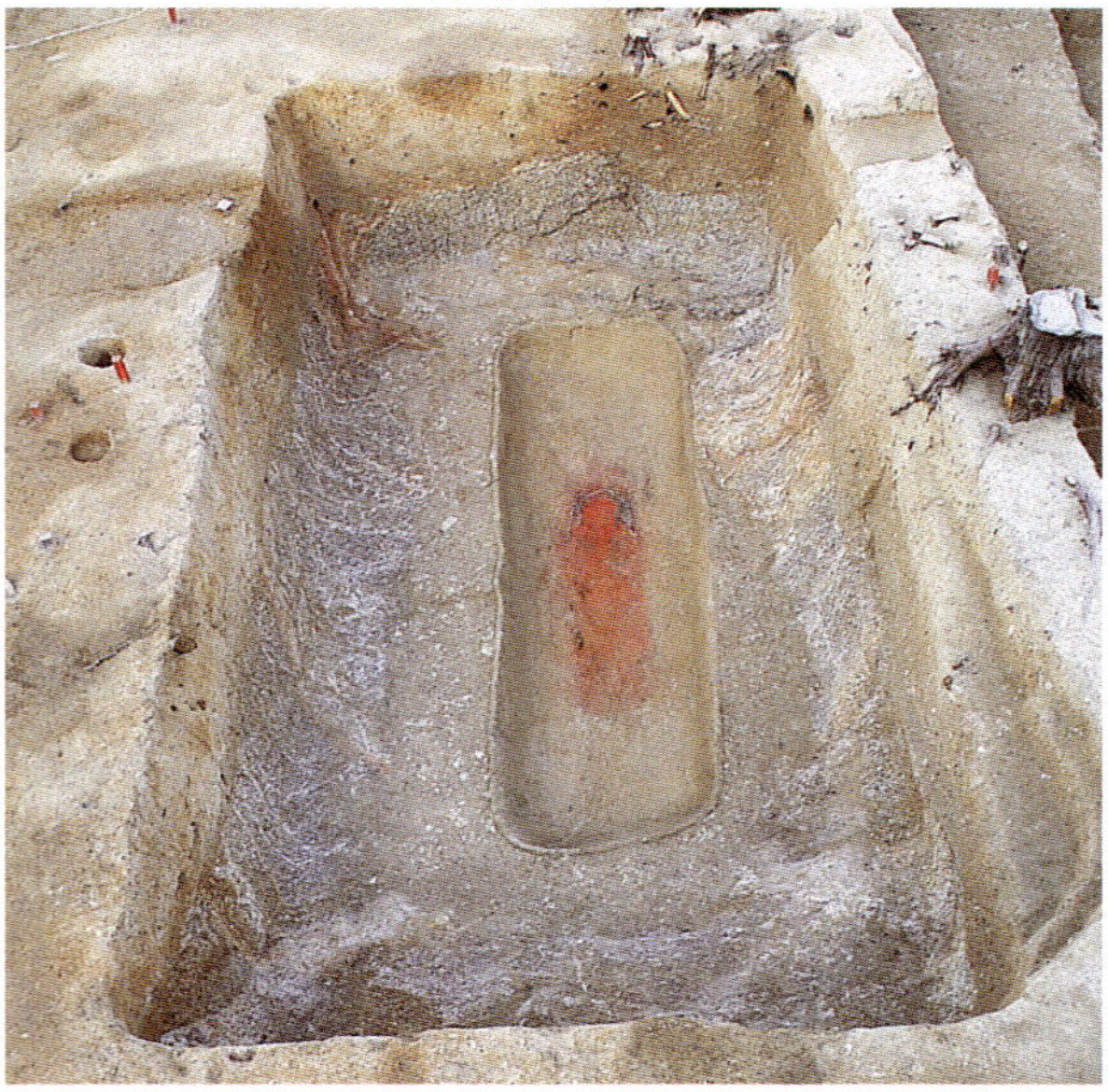

第4主体部

墳丘墓は丘陵の先端部

茶すり山
古墳

（写真は兵庫県教育委員会
埋蔵文化財調査事務所提供）

東上空からみた古墳全景

第１主体部棺内副葬品出土状況（東から）

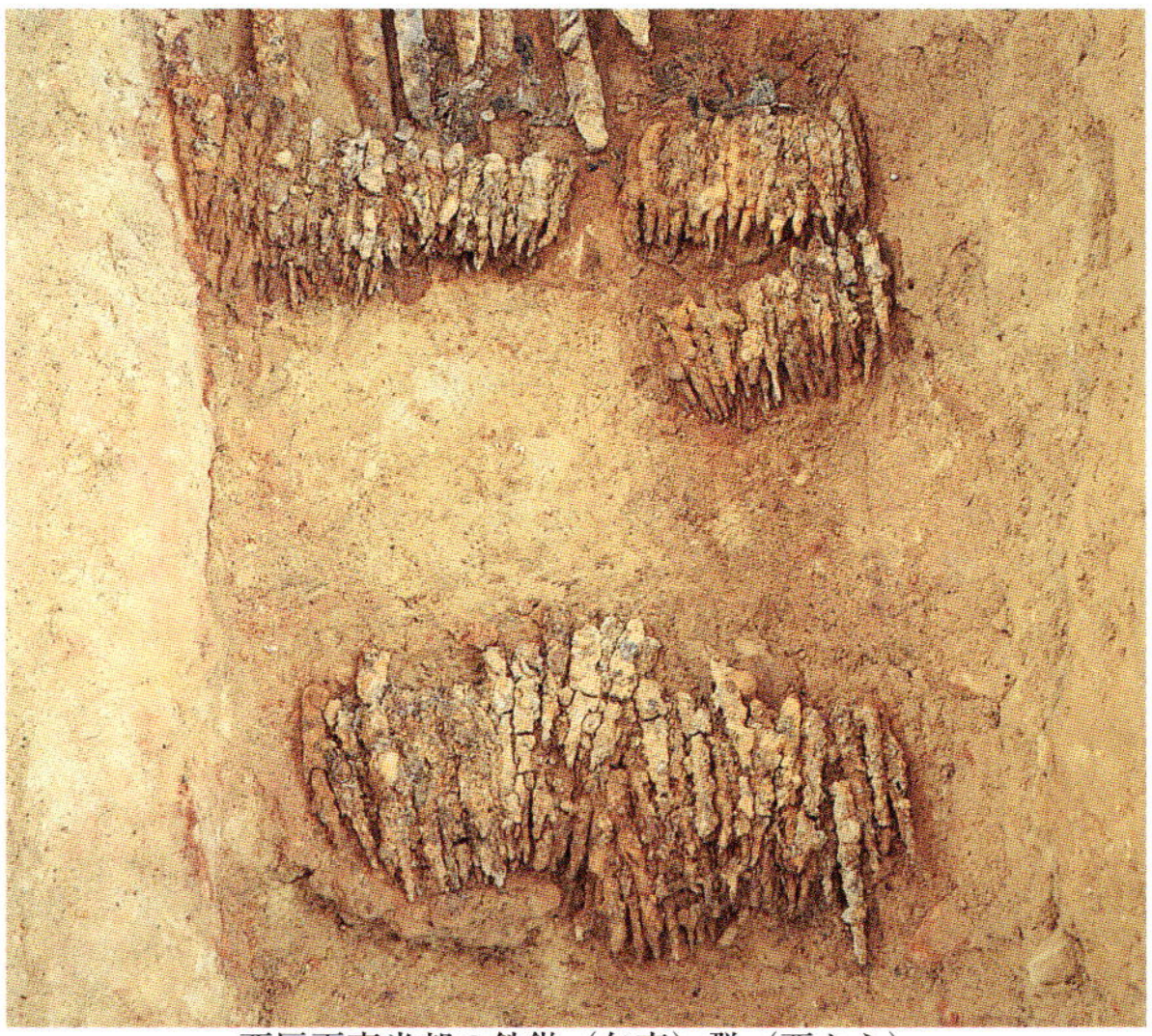

西区画東半部の鉄鏃（矢束）群（西から）
（鉄鏃（矢）の先はすべて東で、4群に分け置き、総数250本）

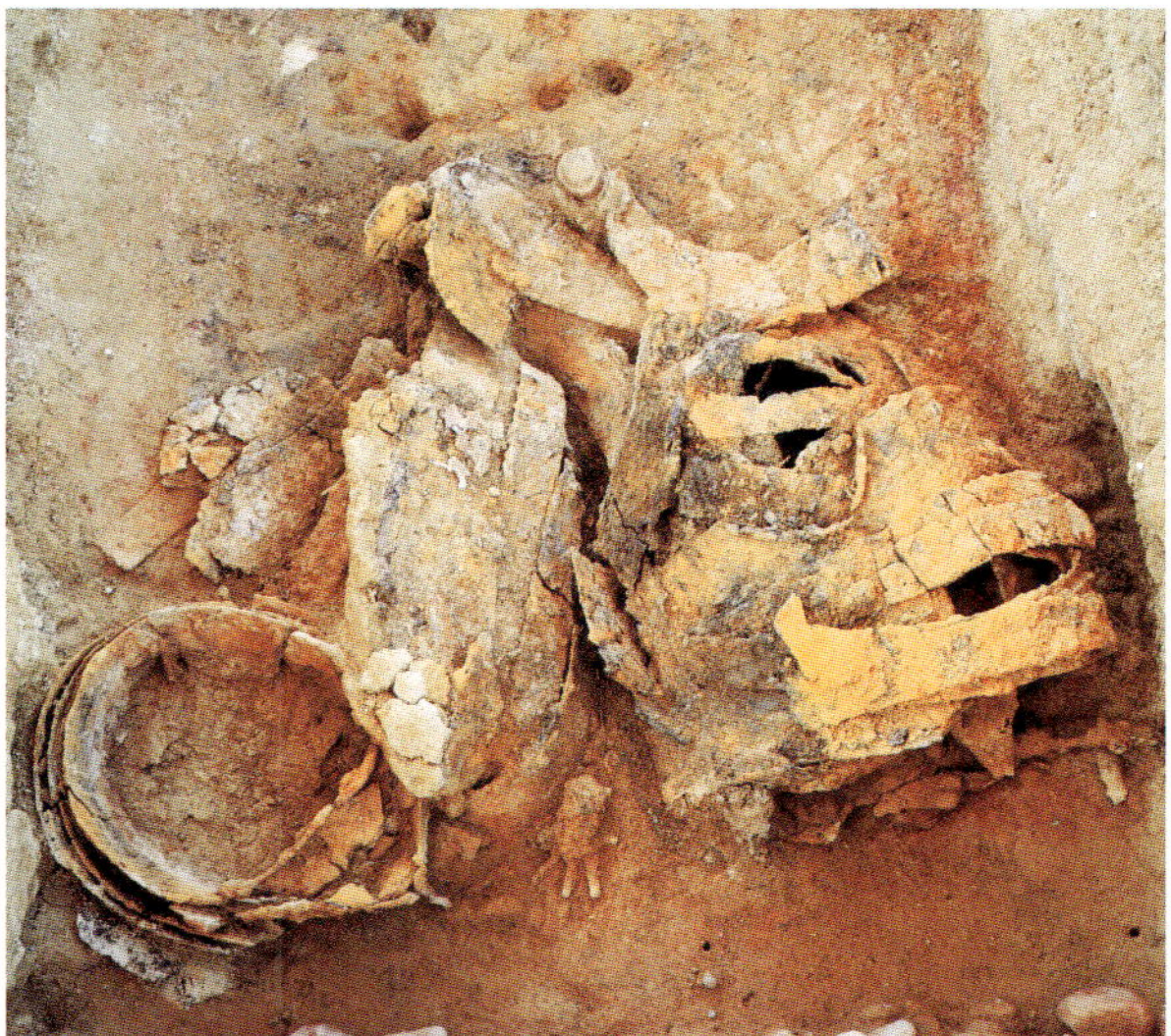

東区画の甲冑類出土状況（西から）
（右端が襟付短甲、中央に三尾鉄が見える。革綴冑の取りあげ後）

写真上 現在の京都市右京区西院追分町の上空から
写真左 馬の頭骨を含んだ獣骨

平安京
右京六条三坊
七・八・九・十町

（写真は財団法人古代学協会提供）

季刊考古学別冊１１号

日本考古学を語る

―旧石器発掘捏造問題を乗り越えて―

雄山閣

総論

「日本考古学の五つの課題」

大正大学名誉教授
斎藤　忠

斎藤でございます。今日は「日本考古学を語る」という大変大きな題でございます。それぞれの分野につきましては、専門の各講師からお話しがあると思いますが、私は総括的に、そして二、三のエピソードを交えながらお話ししたいと思っています。

一　日本考古学の五つの問題

「日本考古学を語る」という題のもとに、どんなことを整理したらよいかと、私なりにいろいろ考えてみました。

五つに焦点を絞ってみました。一つ目は研究がどうなっているかということ。二つ目は発掘はどうかということ。三つ目は遺物の発見はどうなのかということ。それから四つ目には文献関係の出版とか発表はどうなっているのかということ。それから五つ目には各学会とか、研究機関とか、あるいは博物館などの活動がどうなっているのかというような五つの考えるべき問題があると思っています。

これらの問題について、皆さんもいろいろとお考えになっていると思いますが、私なりの考えを申し上げます。

二　研究の方向

研究がどうなっているかというような場合に、私は三つの点をあげてみたいと思います。一つは研究が非常に細かく細分化されてきているということです。もう一つは、いろいろな言葉遣い、用語の氾濫というか、いろいろ用いられていて、皆さんも本を読まれる時に迷うことがあるのではないでしょうか。同じことを表わす言葉でも、学者・研究者によって表現を異にしているということもあるのです。

それから、もう一つは、自然科学的研究方法・技法が驚くように導入されて、研究はもとより、保存技術とか発掘の方法の中に自然科学の存在が大変大きく働いているということです。

研究が細かく細かくなっているということは、一つの論文をみてもわかります。とても細かく考証していることに気づかれるのでないでしょうか。

それから考古学の場合、それぞれの研究の分野が細かく複雑に分かれてきています。例えば時代区分では、最近は近世考古学はもと

中国大連市にある日露戦争激戦地二〇三高地の頂上。（２００１年８月筆者撮影）

より、近・現代考古学という方面も研究されてきております。近・現代というと、真新しいことです。そして、そういう中には「戦跡考古学」というような用語も用いられているものも存在します。そうすると、私たちが、かつて作った防空壕なども、やはり研究の対象になるのではないでしょうか。私は二〇〇一年八月に中国へ行きまして、その時、日露戦争で有名な二〇三高地に寄ってきましたが、あの二〇三高地も、今後は考古学の研究対象になるのでないかとしみじみ現地で思った次第です。

また自然科学の力も導入されて、さまざまな分類が可能になりました。例えば、宇宙考古学とか天文考古学とか、植物考古学、鉱物考古学、あるいは鉱山考古学など、いろいろな分野が入ってきているわけです。そういう意味で、全ての方面の研究が細かく細かくなっていることも、やはり大きな特色として挙げなければいけないと思っています。

それから用語です。いろいろと言葉が氾濫しております。氾濫という言葉がふさわしいかどうかは別ですけれども、私はやはり「氾濫」でいいのではないかと思っています。例えば「縄文」、これはここに居られる小林達雄さんのご専門ですが、「縄文」は今は「文」ですけれども、今なお、糸偏の「紋」を使っている方もいるわけです。それぞれ理由はあるかもしれませんが、なぜそういうことが統一できないのか。

それから、縄文時代でも、前期とか中期、後期は定着しています。しかし、前期前半あるいは後半、後葉などバラバラです。私は先日ある事典を見て気づいたのですが、一つの事典でも前期前葉、前期前半などと使っている。そういう点で用語が乱れていると気づいたわけです。

それから何といいましても、自然科学の力というものが大きく働いて、いろいろな分野に導入されています。例えば、新しい自然科学的年代測定方法の力で、直良信夫さんが関係した栃木県の葛生の人骨が中世のものと判明したとか、静岡県の三ヶ日人は縄文時代だったということが発表されています。また、鉛同位体比法で原産地が究明されるようになるなど、新しい科学的手法が導入されているわけです。

なお、細かくやっていくことも学問の進歩としてみれば大変結構ではありますが、一方で巨視的にものをとらえることができなくなるのではないでしょうか。例え話をすれば、ある動物の生態を考える場合に、今の細かい研究では、目の前に残っている足跡を丹念に調べます。しかし、獣道といいますか、その動物の通った道とか、その動物はどういう環境に住んでいるのかなど、その大きい山を見ることが失われがちになっているように思われます。

そのようなことが感じられますが、もう一つは用語もやはり学界でもっと整理すべきでないかと思っています。それぞれ研究者、個人個人の考えがあって、なかなか統一整理ができない。そのため氾濫しているのではないかと思っています。

また、新しい用語のほかに、早くから用いられている用語にも、なお混乱が見られます。ことに著しいのは、縄文土器・縄紋土器です。日本の考古学にとって、最も重要な資料の一つであるこの土器の名称にすら混乱があるのです。それは、縄文土器が一般に広く用いられていますが、なお縄紋土器とする人もいるのです。

これについて、いささか私の考えを申します。縄紋は、確かに明治時代の日本考古学黎明期から用いられており、伝統的な名称です。これに対し、縄文は新しく用いられたものです。試みに『広辞苑』を開きますと、「じょうもん」として「縄文・縄紋」と二つ記されています。この場合、縄紋は「紋章」などのようにふさわしい名称かもしれません。しかし、縄文の「文」も決して糸偏の省略形でなく、同じような意味もあり、しかも現代にふさわしい簡易な文字です。「文様」は誤りではないのです。必ずしも「紋様」と固執する必要はないはずです。

また「黒曜石」については、今なお「黒耀石」としている人がいます。たしかに「耀」の文字は、いかにも光り輝く意味を持ち、この岩石にふさわしいかもしれません。しかし、「黒曜石」の名は、早くから岩石学者も用いています。そして広く使われていることは、昭和七年（一九三二）刊行の『大日本百科辞典』（平凡社）にも「黒曜石」とあることでもわかります。これについては、かつて江坂輝彌さんもいっていることです。

そういう中で、先程、申し上げたようなことですが、私なんか一つの思い出があります。小林さんはご存じかもしれませんが、縄文の糸偏を難しく「紋」と書いている、この提唱者は山内清男さんという方です。私の親しい先輩であり友達です。ある時、山内さんは私にふと語ったのでした。「糸偏『紋』にして『文』を使わないのは、『文』は文部省の『文』だから俺は嫌いだ」というようなことをいっていました。一体、山内さんが本音だったのか、それとも皮肉でいったのかはわかりませんが、こういうことでもっともっと整理する必要があると思っています。

それから、お気づきとは思いますが、非常に英語が入っています。

2000年11月5日、毎日新聞がスクープして旧石器発掘捏造問題が発覚

これはすべての社会においてもそうだと思いますが、私にはどうしてもわからないような英語が飛び出してきているわけです。簡単なことでは、発掘の現場で試みに掘ってみる穴、これは試掘坑といっていますが、今ではテストピットです。新しい学問としては非常に結構なんですが、ただそういうために日本の古い言葉、正しい用語が忘れがちになってしまうのではないかとも思っています。

新しい英語表現の言葉で一つのエピソードがあります。実は今から一〇〇年程前のことですが、考古学の大先輩である坪井正五郎先生が埼玉県の吉見の百穴、すなわち横穴群を発掘した時に、横穴といえばよいのに、英語の「ケーブ」という表現を用いたのです。ある大きな一つの横穴を掘ったところが、遺物が何もなかったので、傍らの友達に「このケーブは案外見かけ倒しだね」といったそうです。

ところが、そばにいた一人の男が突然、怒鳴り込んだのです。「俺を見かけ倒しとは何ごとだ」といって食ってかかったのです。実はこの人は埼玉県の警察の「警部」だったのです。落語のような話ですが、うっかり外来語を使うと、まずいこともでてくるのではないかと思っている次第です。

用語の氾濫、そしてそれを整理することが非常に大事でないかと痛感している次第です。

それから、今のように研究が細かくなり、自然科学も導入されるのは、学問のために結構なことですが、とにかく考古学は「目と手と足の学問」であることが忘れられがちでないかと思うのです。

この言葉は私が学生時代に先生から教えられた言葉です。考古学が、ほかの人文科学と違う一つの特色は、目、手、足、それを普段に活用させることが大事であるということです。今、モノを見つめる、遺跡・遺構を見つめる鋭い目が欠けているのではないか。なげかわしい不祥事件になった「旧石器捏造事件」もそうだと思うのです。考古学者がもっと鋭い目を持っていれば、看破できたのではないかと思っている次第です。

またエピソードをお話しします。やはり同じ坪井先生ですが、明治二〇年頃、東大史料編纂所で、豊臣秀吉が醍醐の花見の時のいろいろな短冊が展示されていました。これは家臣たちが歌を書いて、桜の枝にぶら下げて秀吉に見せたというのですが、いろんな短冊が並んでいるのを見ながら、坪井先生は歴史家にこういうことを話した。「どうも身分の低い人が桜の枝に掛けたでしょう。身分の高い人は桜の枝に掛けないで、そのまま秀吉のもとに差し出したのではないでしょうか」と。

で、並みいる歴史家は「何でそんなことがわかるのか」といった。坪井先生は、短冊の上の方に小さな穴のあるのを見つけたのです。そして、その穴の開いているのがみな身分の低い人で、身分の高い人の短冊には穴が開いていない。そういうことで、このような考えを出したわけですが、やはり私は、これは鋭い「目」だと思います。鋭い目ということが考古学に一番大事でしょう。これが今、専門分野の分業とか何とかで、だんだんと鋭い目が失われているのではないかと思っている次第です。

また「手」と「足」。手はまめに自分で寸法をとったり、実測したり、拓本をとったりします。足はまめに自分で歩き回る。これが非常に大事です。

それから、自然科学も新しい学問として非常に結構であり、ありがたいと思っていますが、考古学の研究者としては、その成果をもとにもっと人の動きとか知性とか、いろんな細かいことを考えてみることも必要ではないかと思っています。

例えば、さきほど葛生人のことを話しました。では、中世の人骨とすると、ああいうような石灰岩の山に埋葬された背景をも考える必要があります。同じく静岡県の三ヶ日人もそうだと思います。あそこは化石のオオカミなんかが出ている石灰岩の山です。縄文の人々をとりまく環境や人々の動きもそれをもとにして考える必要があります。

石器が遠いところから運ばれた。これは科学的に判断される。ではその交通路、交渉路というのがどうなのかという問題も、もっと考古学の立場から発言してもいいのではないでしょうか。

なお、細かい研究の一端を示すものに、邪馬台国の位置の問題があります。これについては近年、巨大古墳の研究も進み、新しい科学的な年代の測定、あるいは埴輪や土師器の細かい編年的研究の成果をもとにして、畿内の前方後円墳を論じ、これをもとにして、邪馬台国が畿内であるということが、あたかも考古学界の定説のようにされております。しかし、私は早くから別な考えを固持しております。

まず私は、考古学者がこの問題を論じる場合、「魏志」倭人伝の内容と、その成立の背景を十分に理解する必要があると思っています。例えば、卑弥呼の墓について、「径百余歩」、「殉葬するもの奴婢百余人」とあるのは、果たして本当に倭人伝の作者が見たものかどうかを検討する必要があるのです。これは、実際に見たのでなく情報によって記したものです。私はかねてから邪馬台国は北九州と

倭人在帶方東南大海之中依山島爲國邑舊百
餘國漢時有朝見者今使譯所通三十國從郡至
倭循海岸水行歷韓國乍南乍東到其北岸狗邪
韓國七千餘里始度一海千餘里至對馬國其大
官曰卑狗副曰卑奴母離所居絶島方可四百餘
里土地山險多深林道路如禽鹿徑有千餘戸無
良田食海物自活乗船南北市糴又南渡一海千
餘里名曰瀚海至一大國官亦曰卑狗副曰卑奴
母離方可三百里多竹木叢林有三千許家差有
田地耕田猶不足食亦南北市糴又渡一海千餘
里至末盧國有四千餘戸濵山海居草木茂盛行
不見前人好捕魚鰒水無深淺皆沈没取之東南
陸行五百里到伊都國官曰爾支副曰泄謨觚柄
渠觚有千餘戸世有王皆統屬女王國郡使往來
常所駐東南至奴國百里官曰兕馬觚副曰卑奴
母離有二萬餘戸東行至不彌國百里官曰多模
副曰卑奴母離有千餘家南至投馬國水行二十
日官曰彌彌副曰彌彌那利可五萬餘戸南至邪
馬壹國女王之所都水行十日陸行一月官有伊
支馬次曰彌馬升次曰彌馬獲支次曰奴佳鞮可
七萬餘戸自女王國以北其戸數道里可得略載
其餘旁國遠絶不可得詳次有斯馬國次有已百
支國次有伊邪國次有都支國次有彌奴國次有

紹興版「三国志」倭人伝

畿内とに二つあり、中国と直接交渉し、「魏志」倭人伝の作者が足跡を印したのは、この北九州の一角であったと考えているのです。したがって、畿内説は必ずしも考古学界の定説ではないのです。ちょうど最近、平野邦雄さんが『邪馬台国の原像』（学生社）という本を出版しましたが、考古学者もこれを読み、あらためて邪馬台国の問題を考える必要があると思います。

三　発掘の問題

もう一つ、発掘はどうなっているかということですが、この場合、あるいは後で話題になるかもしれませんが、情報機関が非常に発達して、よく川柳に出されますように、「新聞に載らぬ日はなし考古学」ということで、ほとんど毎日のように考古学関係の記事が新聞に載っています。

これは、新しい時代として誠に結構なこととは思いますが、あのような情報の中に、何か遺跡が新聞に大きく出されたら成功だと評価づけられる。あるいは人の名前が出たら、その人が大きな功績をあげたというようなことになっているようです。旧石器の捏造事件にも関係があるのではないかと思う次第です。

それから、大規模な発掘が盛んに行なわれてきています。そういう中で、私は保存という考えがとにかく失われて忘れられてしまっているのではないか。そこでは遺跡は残さなくとも記録保存しさえすればよいということになります。私はこの記録保存という言葉が嫌いです。遺跡は記録で保存されるものではありません。遺跡の保存という感覚が麻痺されていることも心配です。

私はいま、静岡県埋蔵文化財調査研究所に関係していますが、現場を訪れるときは保安帽をかぶってまわります。いま、この安全管理が問題になっています。発掘関係者がケガをしないように、事故を起こさないように、もっと深刻に考えるべきだと思っています。

先日思いがけないことを聞きました。発掘現場で最も多い事故はブルドーザーとかベルトコンベアなどの機械によるものではなくて遺跡で転ぶことだそうです。安全対策をもっと考えてみる必要があると思います。

それから、史跡整備という名前のもとに古墳などが発掘されています。私は全く発掘されていないそのままで残されている古墳が将来なくなってしまうのではないかと心配しています。後世の人々に、未発掘のまま先人の文化遺産として残すことも必要ではないでしょうか。

それから遺物の発見の場合も、「発掘された日本列島展」で毎年全国で出土したものをたやすく見ることができてありがたいと思っていますが、こういうような遺物の発見で、重要なものはいろいろと保存が講ぜられていますが、おびただしく発掘される瓦の破片とか土器の破片をどう保存し、保管するのかというような問題も非常に深刻なことではないかと思っています。

四　文献の出版と保存

それから文献の関係ですが、ご存じのように現在、遺跡の報告書は膨大な量に達しております。しかも一冊一冊、大変分厚く、しかもけっこう重量のある立派な本が出ているのです。一体、これらを初めから終わりまで全部、丹念に読む人が何人いるでしょうか。おそらく本を書いた人と校正した人だけかもしれません（笑い）。

細かく書くことは結構ですが、一冊ごとにパンフレットのようなものをつけて、みんなにわかりやすく要点を説明するようなやり方をとれないものかと思っています。

それから全国の都道府県から刊行されている報告書は大変なものです。それらが一堂に集まっていて、皆さんが簡単に目を通せるような施設かできないか。このような問題も一つの急務でないかと思っています。

ついでに報告書に関して、少し内容の問題について触れたいと思います。執筆の方は、大変よく努力して立派にまとめておりますが、何人かで執筆する場合、用語などに不統一さもあります。また、栃木県の塙静夫さんも述べたことですが（「何とも不可解な用語」『考古学ジャーナル』三四五号）、文章にかなり日本語にふさわしくないものがあります。例えば「〇〇メートルを測る」など、日本語としては不適切です。「に測られる」とすべきでしょう。

また、報告書に仲間同士で話している略語が堂々と記されております。「表採」は「表面採集」と明確に記さなければ、一般の人々は理解できません。ちなみに、中世や近世の墓を発掘した場合、「興味深いものがある」などと述べていることもありますが、墓の場合、倫理的にもこのような文章表現は慎むべきです。

五　博物館の活動

最後に学会あるいは博物館の活用・活動ですが、学会は今、いろいろな意味で研究の機関として活動しております。そして、それにふさわしい機関誌も発刊されていますが、とくに新しい問題として気づくことは博物館活動です。昔とは違って、関係者が非常に苦労していると思いますが、その題も風格のあるものになっています。拾ってみますと、「埴輪の十字路」とか「技と美の誕生」、「古代からのささやき」、「風と火と時と」、そして「川から海に」など。今日から始まる品川歴史館の展示では「鎌倉武士西に走り、トランジスタ海を渡る」。こういうような華やかな展示の題目がなされていること、これも大きな考古学界の現状でないかと思っております。

私の語りたいことはまだまだ一杯ございますが、この辺で時間となりましたので、後は各講師の方々から細かくお話しを拝聴させていただきたいと思います。ご清聴ありがとうございました。（拍手）

旧石器時代・縄文時代

「研究への謙虚な姿勢こそ」

國學院大學教授
小林　達雄

ただ今、ご紹介にあずかりました小林です。

斎藤先生のお話は、ちゃんと時間どおり二十分で終わっているのですが、まるで一時間位、話を聞いたような気になる程、充実した内容でした。現在の日本考古学の問題点、学界を取り巻く状況か、いろいろな含蓄のある、そしてわれわれが常日頃、心しなければいけないような、そういうことについてお伺いすることができました。私はその後に続いて、この壇上に上がる機会を与えられたことについて私の自分史上にとっても、大変名誉なことであると思っています。

旧石器時代から縄文時代といえば、人類史的にみますと、六百万年以上の古さ、あるいはつい先日までは六百五十万年前の化石が発見されたというようなことが話題になっています。縄文時代だけでも一万年以上続いているわけですが、それをほんの二十分程度の時間内でお話するのは大変難しいことですが、なんとか頑張ってみたいと思います。

一　旧石器時代の歴史

日本列島の旧石器文化が明らかになってから、五十五年以上経過しました。そして、その旧石器、日本の旧石器文化、日本考古学における旧石器文化の研究を世界的な視点からみますと、まず、人類史的には、ヒトがアフリカを何回かにわたって出て行きます。そしてユーラシア大陸をずっと横切って、ついに一番東の端っこの、しかも海の中に盲腸のように大陸にかろうじてぶらさがっている日本列島に到達しました。そういう大きな歴史の流れの中で、日本列島とそこに住み始めた人々は、人類史の中で具体的にどういった位置づけを持つのかが大きな問題となります。

ところで、日本の五十五年以上にわたる旧石器文化の研究において、よくよく振り返ってみると、三万年位前から、一万五千年位前までの間の遺跡が、北海道から九州まで多数確認されています。さらに沖縄本島では港川人が発見されています。

レジュメには、約一万ヵ所、あるいはそれ以上と記載しました

縄文土器は見るものに遥かなロマンを誘う。福岡市西区四箇遺跡から出土。（提供 福岡市教育委員会）

けれど、もう少し冷静に見積もりをし直すと、少なくとも全国に二万五千個所以上、旧石器時代の遺跡があると、いっても差し支えないと思います。この膨大な遺跡数は、旧石器時代の人たちの生活様式とも大いに関わりをもっています。

つまり言葉を換えていうと、当時の人々の生活スタイルは……、「スタイル」という「カタカナ言葉」を安易に使用してはいけないと、先程、斎藤先生に戒められたばかりですね（笑い）。蛇足ですが日本語の「様式」よりも「スタイル」という言葉の方が普及しているような分野もございますが……、まあ、分かりやすくいうと、ゴリラやチンパンジーと同じような生活様式、いわば「ムラ」を営なまない、それが旧石器時代といえそうです。

二　縄文時代の開幕

旧石器時代を仮に人類の歴史全体から段階をつけるとすると、第一段階と考えています。次の第二段階とは、日本列島上では縄文時代の開幕ということになります。第一段階から第二段階への飛躍という現象は、世界各地でそれぞれ土台を異にして起こっています。例えば、最も歴史の教科書等でも典型的な地域の一つであるイラン、イラクの西アジア地域も九千年前位に第一段階から第二段階へと飛躍しています。これは農耕が基になっています。

ところで、日本列島でも同じように第一段階から第二段階へと飛躍するのですが、こちらは農耕とは関係がないのです。農耕牧畜と関係なく、いろいろな自然の恵みを徹底的に食料として利用することが基になっています。いわゆる縄文姿勢方針の確立を土台にしています。人々は、何を食べることができて、何は食べられないということを区別しながら、気がつくと極めて多くの食べ物を発見していったのです。それには現代のわれわれがやっているような分類をしていたわけではありません。しかし、一つ一つに全てなるほどとうならせるようなぴったりした名前をつけていくのです。

われわれは最近、人にあだ名をつけることをあまりしなくなりました。田中眞紀子さんは「奇人、変人なんとか」とか上手でしたが、そういう人はだんだん少なくなったといってもいいでしょう。けれども、実はそういうあだ名（名前）をつけることによってそれは認知され、確実に伝達され、そして継承されていく。そういった情報が蓄積されて、例えば食べ物についてみれば、それが、がっちりとした食糧事情の保障をしてくれる。このような土台の上に立って食糧事情が豊かになる。食糧事情が安定してきますと、一カ所に定住してそこを根拠地に必要な食べ物を手に入れては、またそこに戻ってくればいいというような、生活様式が可能になってくるわけです。

つまり、第一段階から第二段階とは、それぞれの地域によって飛躍の土台内容は違いますが、遊動的な生活から定住的な生活に移っていったということが大きな出来事でありまして、人類の最初にして最大の革命的な事件と考えています。西田正規さんは、これを定住革命と呼び、その歴史的意義を高く評価しています。

その革命的な事件が、日本列島では一万三千年以上前から始まったのです。最近、放射性炭素（^{14}C）の年代測定値に誤差があるということがはっきりとしてきまして、その誤差を直し、較正値を求めていきますと、実は一万六千年以上前位にまで溯るという可能性を示しているのですけれども、たくさんある年代測定値は、ほとんど、その誤差の計算を取り込んでいませんので、一万三千年以上前ということでこれから話をしても、それほど中身の理解に大差はないだろうと考えています。というのは、当時の三千年、四千年というのは、現代時計で換算すると、大体三、四時間ぐらいのものだとお考えいただければご理解いただけるかと思います。

そういうことで、日本列島では旧石器時代の文化が幕を下ろして、新しい文化に引き揚げたというのが一万三千年以上前。これは西アジアの場合において明確に農業を土台として第二段階へと進んだ歴史的ケースと比べると、それこそ四千年以上の差を持っているわけです。これは非常に重要なことです。どうして、農業を抜きにした飛躍が日本列島では可能になったのかということこそ、日本的縄文文化のまさに日本列島的由緒来歴であり個性でもあり、そして世界の中での縄文文化の特殊性ということになるかと思います。

こういったことがだんだんはっきりしてきました。この第一段階から第二段階という考え方は、今のところまだ問題にされていないようです。そういう理解の仕方は、チャイルド（V.Gordon Childe ロンドン大学教授 1892-1957）などが農業革命などといっております。だからこそ、日本の縄文文化は新石器時代なのか、新石器文化なのかというような問題を引き合いにして大変混乱を招いているわけですが、大きな人類史の視点からみると、地域ごとの個性的な事情を背景とする特殊性と普遍性として理解さるべきことであり、そうした考え方が可能であろうということになるわけです。

三　捏造問題の原因

崩れた「驚嘆の業績」
藤村氏「大変なことした」
がっくり肩落としポツ
発掘ねつ造 調査指示へ
文相が意向 教科書書き換えも
地元関係者ら困惑
汚れていた「神の手」
石器発掘ねつ造
「抜群の実績」
TVカメラ前に「出た!」
すごい発見を…魔が差した
―藤村・調査団長と一問一答
考古学界「寝耳に水」
石器発掘ねつ造
過去の業績にも影
学者の傍観、一因に
作為の範囲の確認ぜひ必要

旧石器発掘捏造問題は、問題の研究者が関わった全遺跡に広がった。

ところで、また旧石器時代に戻りますが、二万五千個所の遺跡が残されている、その文化の大部分が三万年からこの方なのですが、この時期から突然といえる程、日本列島全域に広く遺跡が残されます。これらが天から降ったとか、地から湧いて出たということでもない限り、おそらくその前から先遺隊がいたはずです。その先遺隊を明らかにしようとした試みが実は、前期・中期旧石器捏造という不幸な問題につながっていったと理解できます。

これはまた、パネルディスカッションでも問題になるかもしれませんので、あまり詳しくは申しませんが、この問題は日本考古学のあり様をよく物語っております。旧石器時代の文化というものは、遺跡から発見されるものは石器だけです。石器というものは、言葉の通り本当に石のように黙りこくっていて、ほとんど何もおしゃべりしてくれない。つまり、石から入手できる情報がとても少ないのです。

それでは、多くの研究者はどこに目を向けるかというと、「どれが一番古いか」と、より古さを求めてどんどん先を急ぐことになるのです。そういう研究方法にはまり込んでしまった。それが気のつかないままに捏造問題につながってしまった。非常に不幸なことにはまり込んでしまったのだと思っています。

この際、私がここで強調しておきたいのは、一人の人間が捏造したということで、その手口のあまりの巧妙さ、あるいは計画的な行為に、捏造を見破れなかったというようなことだけで済ませてはいけないということを申し上げたいわけです。つまり、私たちは考古学というよりトータル的に研究対象をみていかなければならない学問をやっていながら、知らず知らずのうちに、ただ古さだけをしきりに求めていくことに血道を上げていた。つまり人類史全体からみると、冒頭に申しましたように、日本列島にいつ頃、人がたどり着いたのか、先遣隊はいつやってきたのか、どういう動物群と一緒にどのような環境で生活していたのかと考察する、そういう基本的研究視点を抜きにして、ただひたすら、より古い石器群のみを追いかけてきたてしまったということを反省しなければならないのではないでしょうか。

そして、そんな人類史上の大きな動きにかかわる、日本列島の中で次から次へと旧石器時代文化の年代が書き換えられていくというような遺跡を年に三個所以上も発掘してきたわけです。これはただ一人の人間が掘ったということではなく、それを十分に承知の上で、先頭に立つ人は考古学研究のプロだったのです。つまり、いわゆる旧石器の研究者として名を連ねていて、それなりの評価を得ている人が先頭に立ってきたことについて、私たちは再び、反省しなければいけません。考古学を、きちんと考古学しなければいけないのに、ただ古さだけを遡ることに血道を上げすぎていました。これが一つです。

そして、あまりいいたくないのですが、奈良県辺りで、次から次へとものすごい古墳を掘っていきます。これと似たところがあるのではないでしょうか。同じとは申しません。口が裂けても、申しませんが（笑い）、相当、似通ったところがある点について心しなければいけないと思っています。考古学の性格が、もともと内包している土壌が旧石器問題のところであのような悲劇になって出てきたのです。古墳時代にも飛び火させてはならないというわけです。

より古さへの追求が古墳時代なら許されるのかというと、そろそろ議論が必要かもしれません。陵墓問題についても、私は天皇制がどうのこうのと、ここで申し上げる気はありませんが、考古学界が挙げて陵墓を掘りたいというのは一体どこから出てくるのか。このことは真剣に考えてみる必要があると思います。今まで明らかにされている事実、出土している遺物・遺構を分析することによってもっと分かることもあるのではないでしょうか。

あの捏造問題は不幸な事件です。社会的には事件なのですが、研究への取り組み方の姿勢は、旧石器も縄文も弥生も古墳時代も、そして歴史時代も同じです。文献が出始めて、遺跡や遺物とともにものを考えていかなければいけないという、そういう時代の考古学というのは、日本は世界的にもトップクラスだと思っています。

ただ残念ながら、日本語を理解できる人は日本人以外、とても少ないのが現状です。ですから、これまで築き上げられてきた日本の考古学を語るとすれば、誇るべき程、高いレベルにあるということは過大評価とか大袈裟ではなく本当のことです。私は世界中を歩いているわけではありませんが、アメリカにも長く住んだ経験があります。カナダにも一年、ついこの間はケンブリッジに一年おりました。そういうところでの経験からみるにつけ、そう思います。

例えば、その一端を申しましょう。外国での研究者の論文で、その引用・参考文献をみると、イギリスの研究者だったらイギリスの人の論文が大部分です。引用されている文献には、わずかに英語圏のアメリカ、カナダの人たちの文献が入る。フランスやイタリアの文献はほとんど入っていません。また、フランス人の論文を見ると、フランス語の引用文献だけです。イタリア人はイタリアだけ。しかし、日本人だけは必死になって、英語の論文を少しでも多く読もうと努力し、英語の文献を紐解いてそれを参考文献の中に引用しています。日本の考古学者の頑張り加減をよく示していますね。

不幸な……、何と表現しましょうか……、この度の旧石器問題に引きずられて、どうも日本の考古学そのものが信用を失したというような発言をするプロがいます。あえて早稲田の吉村さんというような名前は出しませんけれども（笑い）、しかし、彼は実態をみているとはいえません。いいかげんな認識は極めて困ることです。

ところで縄文の場合にも、実は同じような問題があります。これも三内丸山という名前にかこつけて、そして縄文文化をわかりやすく皆さんに伝えるのだという大義名分のもとに、語彙が不足しておりまして申し訳ないのですが、たとえば売名行為的な、意識的に大袈裟に喧伝して「縄文都市」だとか、「世界四大文明に勝るとも引けを取らない第五の文明だ」とかですね、それもプロであるはずの研究者が正面きっていっていることなのですね。だから日本考古学には非常に、何といいますか……、控えめな私のような人間（笑い）のほかにもう一つ重大な裏に当る派手な研究者があるということについては、是非、皆さんにお考えいただきたいと思います。

ちょうど時間がきましたので、あとはパネルディスカッションにまわしたいと思います。ご清聴ありがとうございました。（拍手）

「弥生から古墳へ」

徳島文理大学教授　石野　博信

私は弥生時代を担当しまして、発表要旨にいくつかの項目を立てましたが、発表では、弥生から古墳への移行に絞って話をさせていただきます。

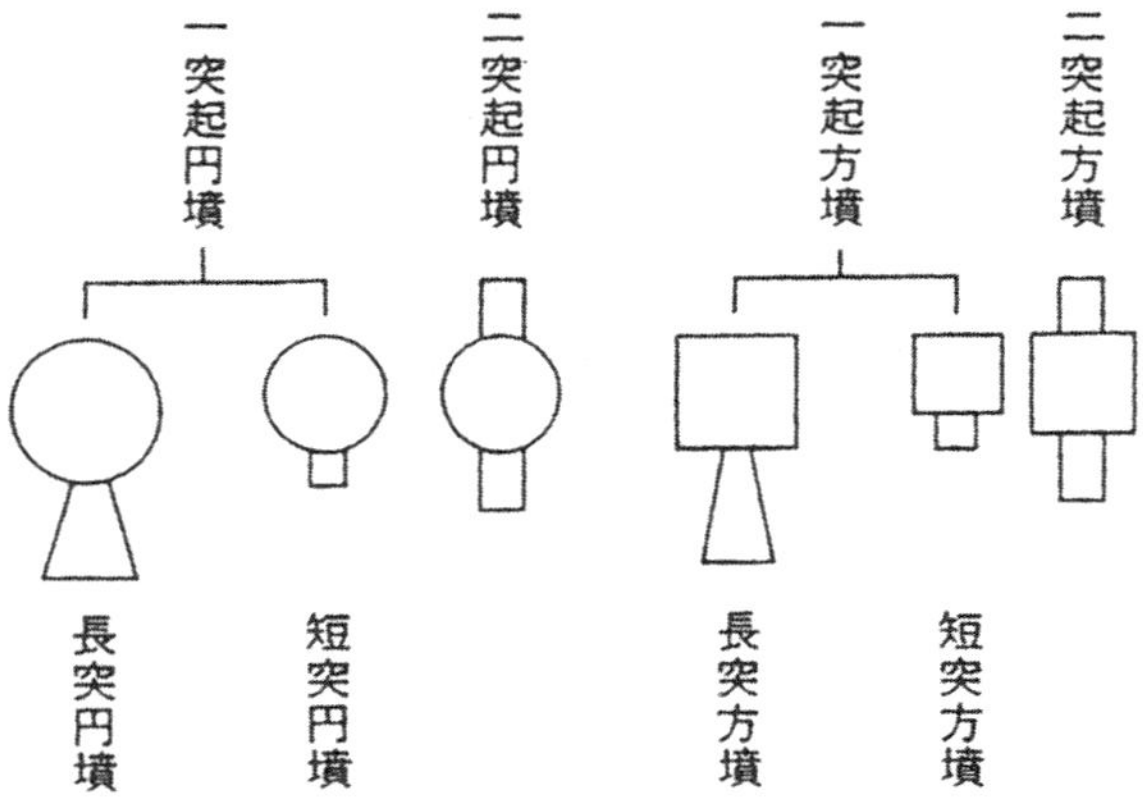

（図1）　古墳平面形態の新呼称　出典（3・4）

なお、私は「前方後円墳」という呼称はやめるべきだと提案しています。その理由は『邪馬台国の考古学』（吉川弘文館、二〇〇一年）にあげましたが、簡単に申しますと、(1)方丘部が「前」で、円丘部が「後」という考古学的根拠がないこと。むしろ、くびれ部から円丘部への墓道検出例（奈良県中山大塚古墳など）が増加し、側面観が重視されていること。(2)「前方部」は方形ではなく、むしろ三角形であることです。それに代えて、主丘部が円形か方形かを強調して、都出比呂志さんの弥生墳墓に対する呼称（『古代国家はこうして生まれた』角川書店、一九九八年）を発展させ、図1のように提案しました。

ここ三〇年来の弥生時代研究の展望については、本誌八〇号をご覧下さい。

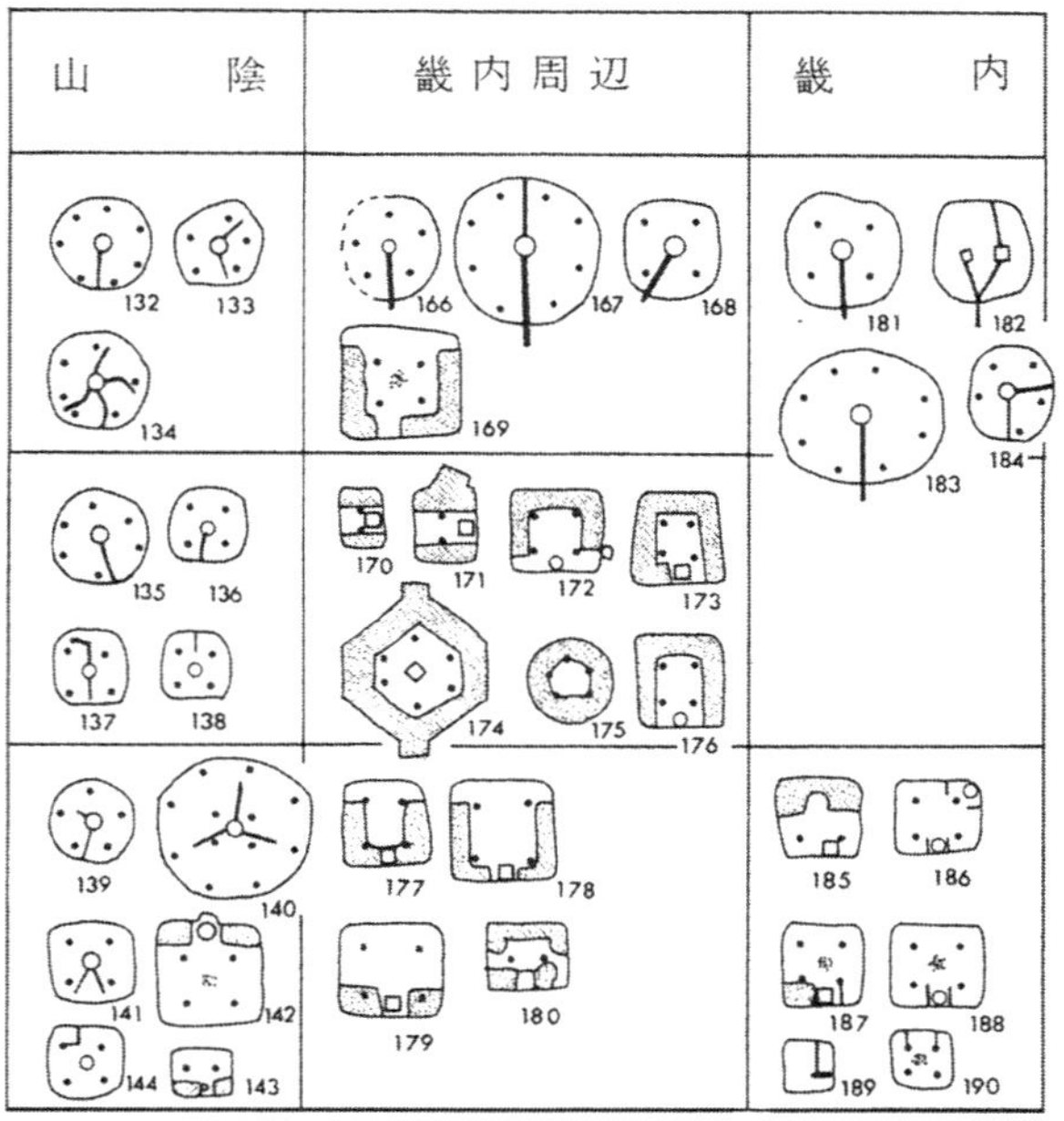

一　円形と方形

図2をご覧下さい。二世紀の弥生後期から四世紀・古墳前期の西日本の住居型です。三世紀は近畿の庄内式期で、私は古墳早期としています。図2の森岡編年における庄内式の欄に相当します。

図2を一覧していただきますと、二世紀の北部九州は方形住居が主体で、ほかは円形住居に少数の方形住居が加わることがお分かりいただけると思います。それが三世紀になりますと西日本全域が方形住居が支流となり、出雲・吉備に伝統的な円形住居が残る傾向がみてとれます。四世紀には方形化が一層進行しますが、出雲・吉備と越《こし》には円形住居が続きます。独自の伝統文化を保持する地域といえるでしょう。

他方、図3によって、二・三世紀の西日本の地域をみてみますと、近畿と北部九州は銅鐸と銅鉾という弥生祭具を持ち続けているのに対し、出雲・吉備と越は特殊器台や四隅突出型方形墓といった新たな葬送儀礼を創造しています。この時代、吉備では全長八〇メートルの二突起円丘墓（楯築古墳）が生まれています。

一方では伝統的な円形住居に住みつづけていながら、他方では、弥生的な祭具を放棄し、新たな祭祀を創造するという一見、矛盾しているような様相をみせます。三つの地域の特色ある動きのようにも思います。

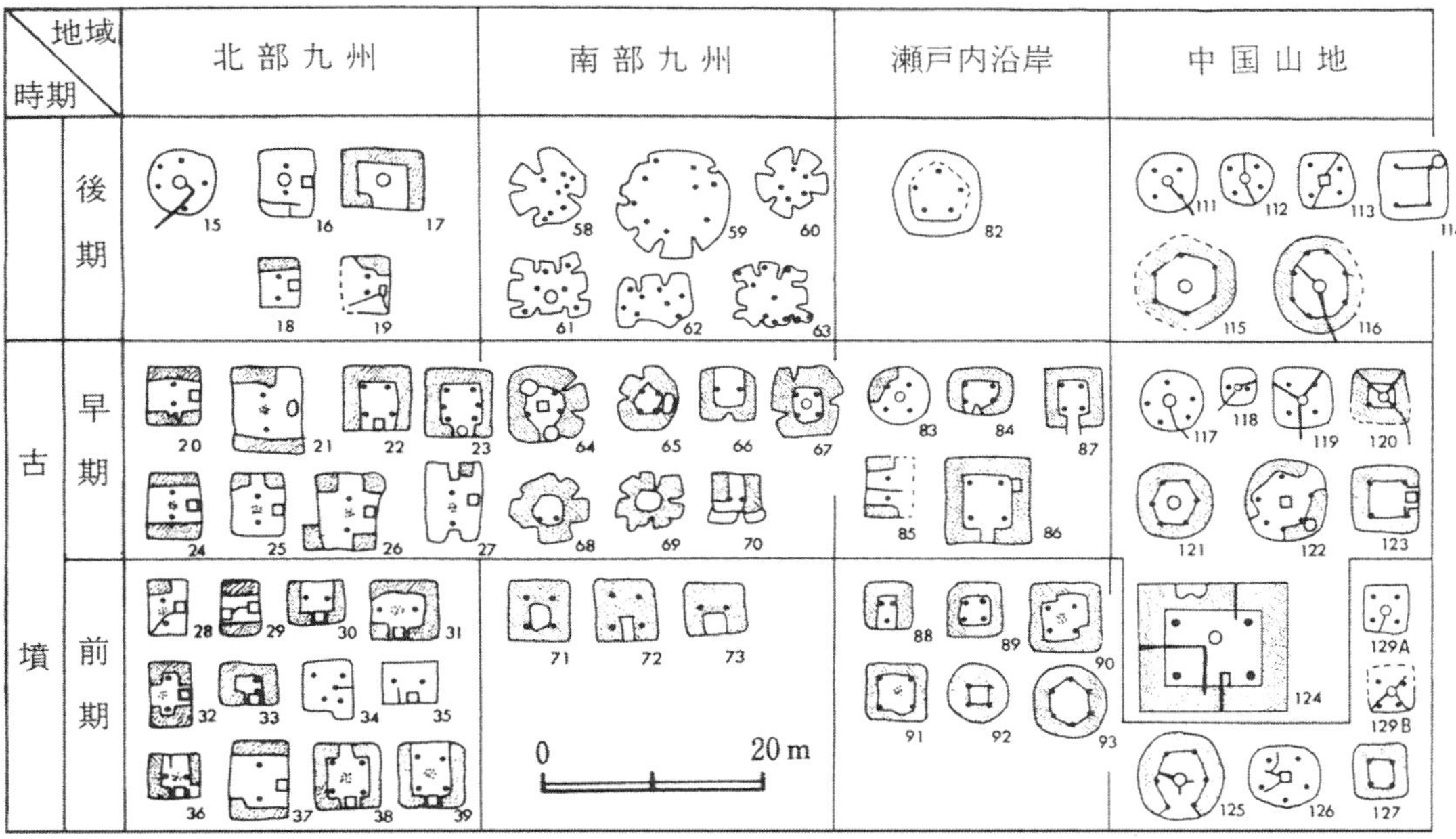

（図２）　二世紀の弥生後期から、四世紀・古墳前期の西日本住居型

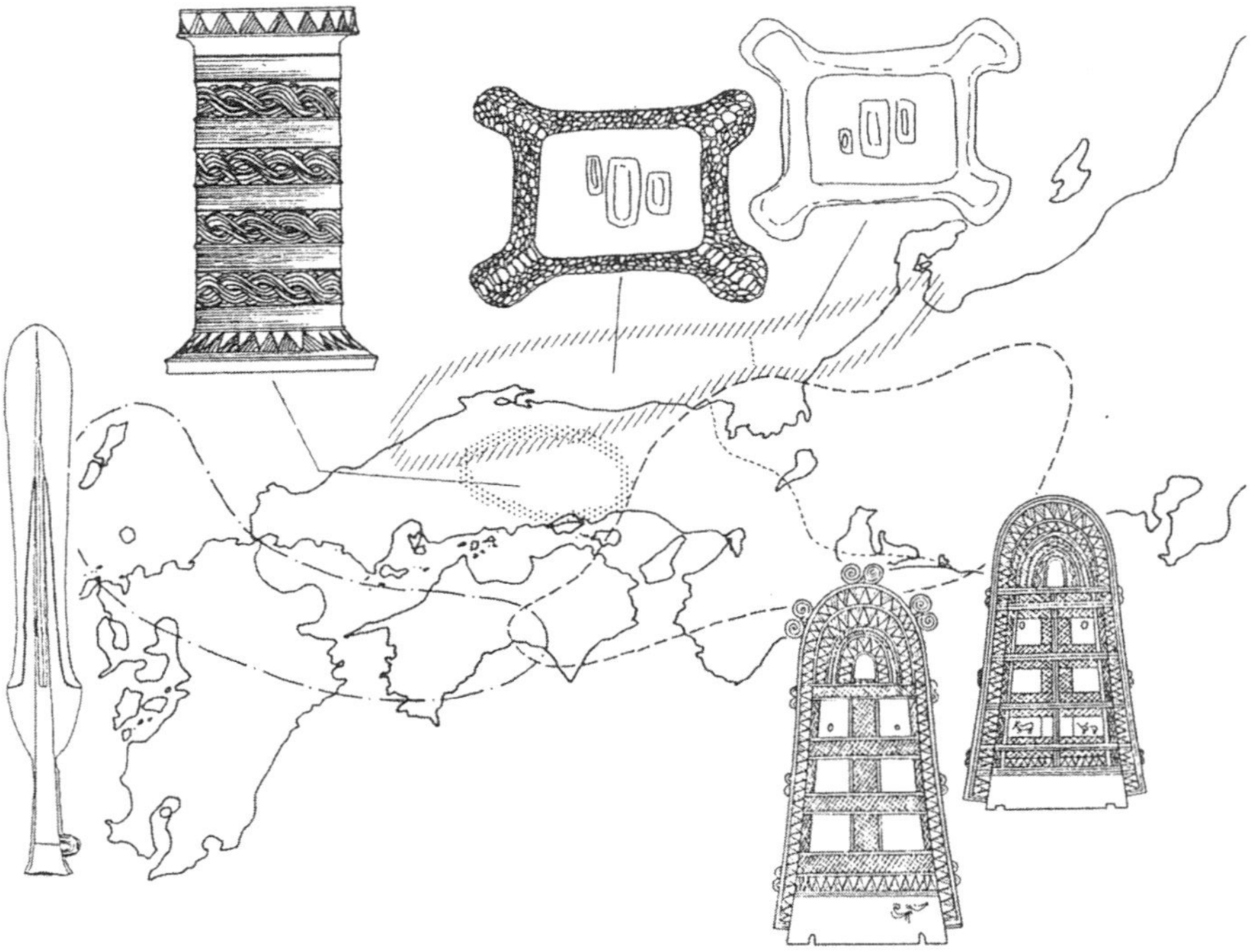

（図３）　弥生時代後期における青銅器祭器・墓制の対立分布
（出典：松本武彦「ヤマト政権成立の背景」『卑弥呼誕生』
大阪府立弥生文化博物館、1997 年　）

二　卑弥呼の建物

次に、おそらく二世紀末に女王として共立され、二四八年に死亡した卑弥呼の居館について考えてみましょう。今、前一世紀から後二世紀の弥生大型建物はかなり分かってきましたが、三世紀についてはよく分かりません。そこで『魏志倭人伝』から想像したのが図4です。

卑弥呼は「宮室」で「鬼道」（新しい宗教）をよくし、私的には、「居処」に住まい「男子」一人が食事を運び、卑弥呼の「辞を伝え」ます。さらに卑弥呼には「婢千人」が仕え、兵が守衛しています。「男弟」は政治担当ですから、別区画で、そのため女王になってから卑弥呼を見た者は少ないのでしょう。

『魏志倭人伝』の記述をもとに、想像した図４の建物配置と極めてよく似た墳墓配置が三世紀後半の滋賀県富波遺跡です。図５をご覧下さい。全長四〇メートル前後の一突起方墳（前方後方墳）が二基、一つの長方形区画内に並列し、その間に小墳が介在します。生の世界と死の世界の違いはありますが、まさにピッタリです。ただし、富波遺跡については一部の調査をもとにした私の復元案です。

左側の一突起方墳と中間の小墳は全掘されていますが右側の一突起方墳は一部の調査だけです。滋賀県から岐阜県・愛知県は二・三世紀の一突起方墳の卓越地域であることは周知の通りですが、その上、墓域全体を方形に区画する特性があります。例えば、滋賀県伊勢遺跡や愛知県西上免遺跡などがそうです。富波遺跡も特例ではなく、このような流れの中にあり、したがって、私の卑弥呼居館復元案も多少の信憑性があると自画自賛しています。

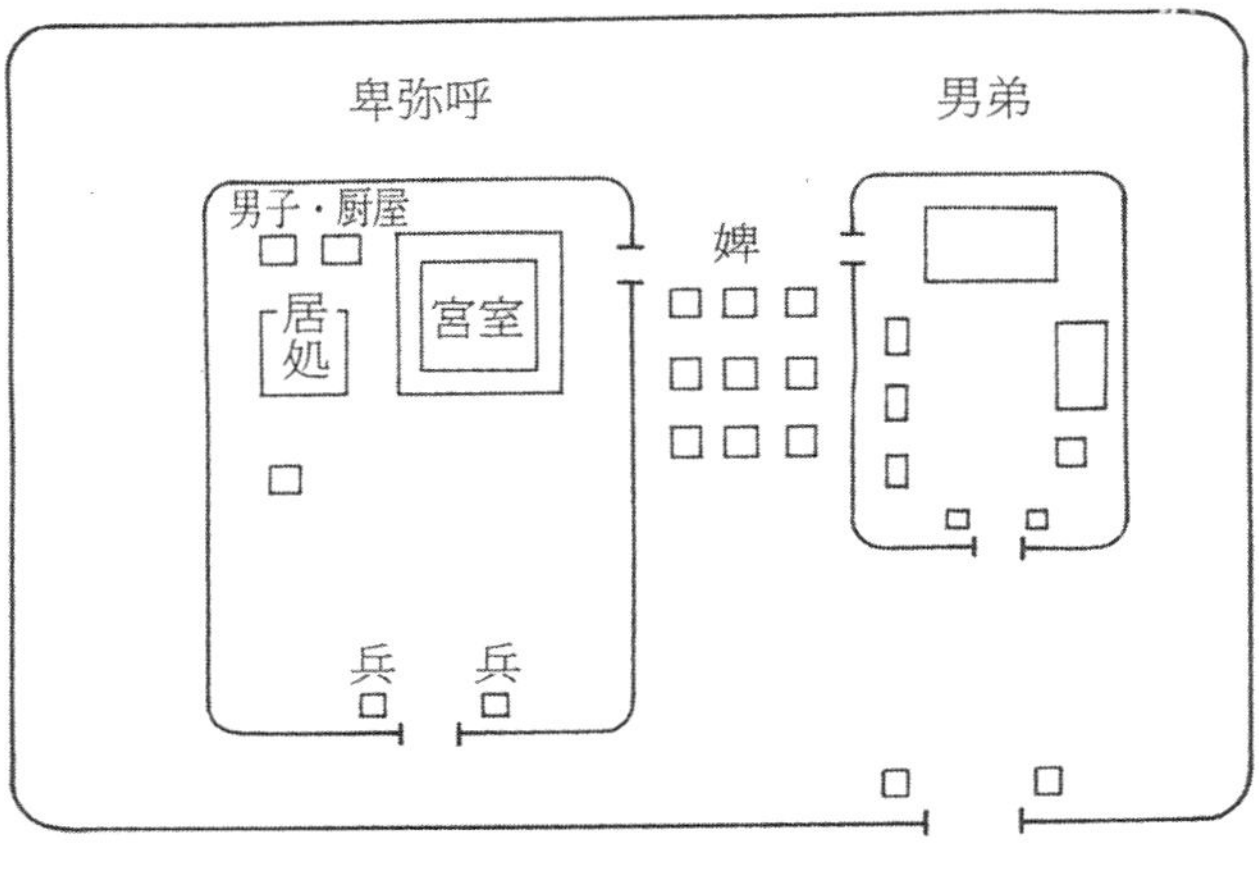

（図４）卑弥呼の居館想定図　卑弥呼の居館（想定）　出典（３）

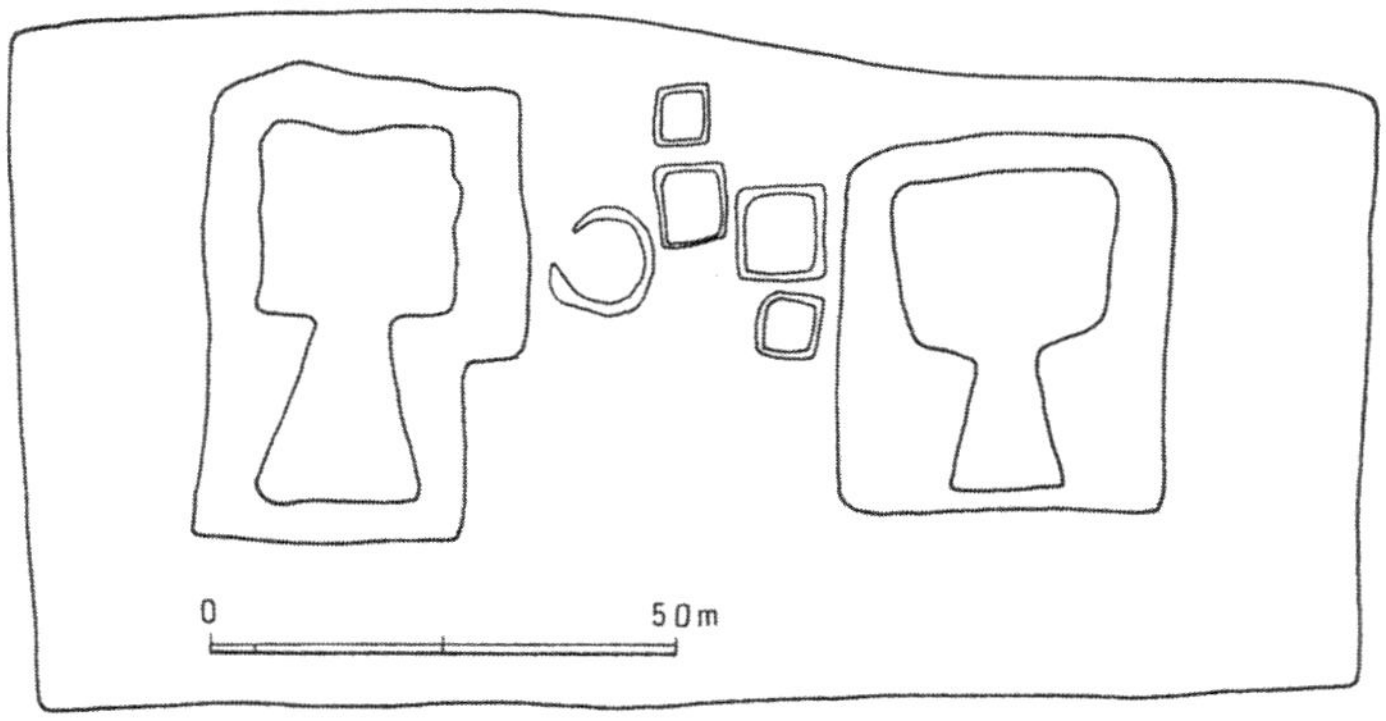

（図５）長方形区画内に並列する墳墓（滋賀県富波遺跡、３世紀後半）出典（３）

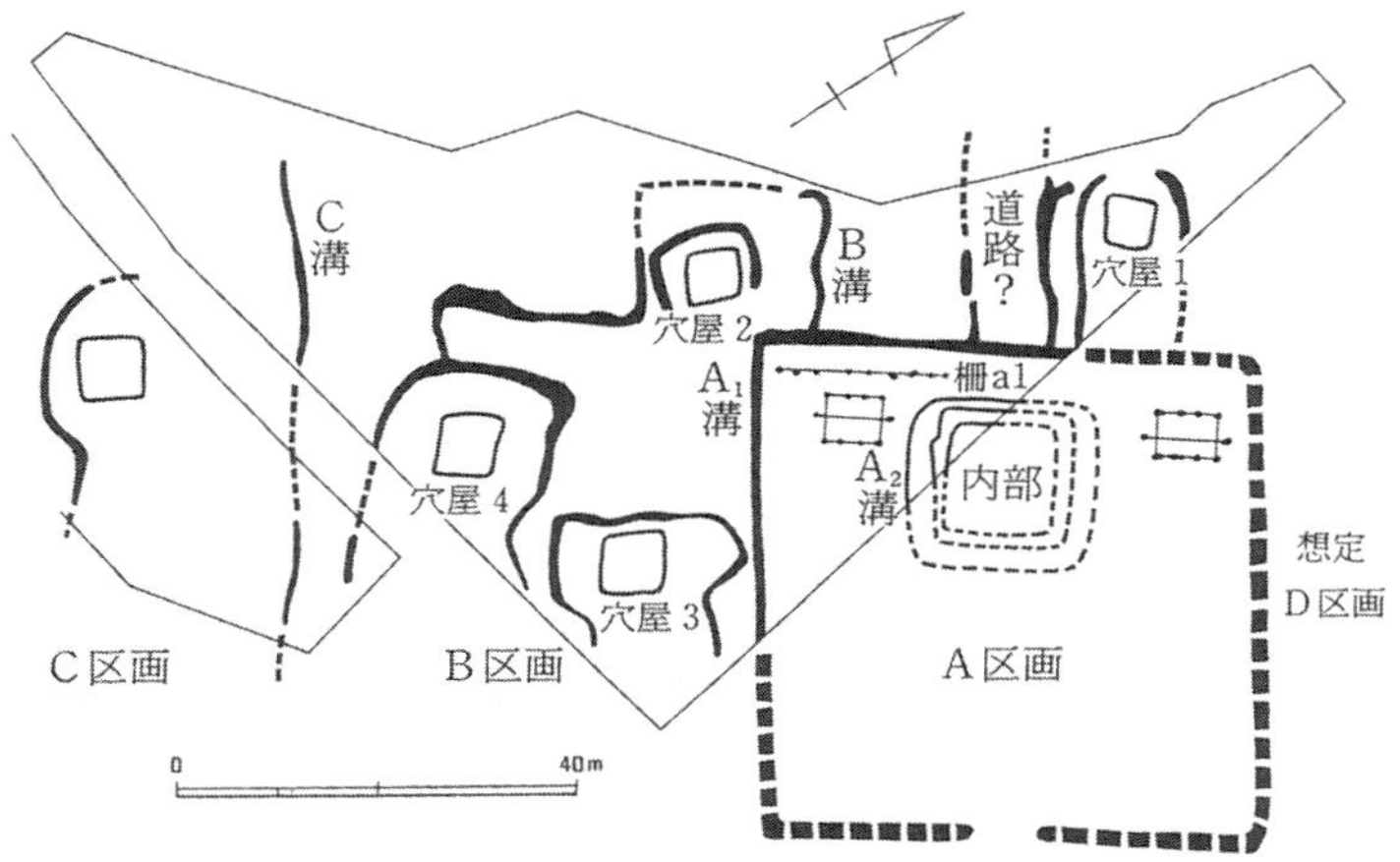

（図６）３世紀の近畿の居館跡（大阪府尺度遺跡の想定復元）
（大阪府文化財センター 1998から作図）出典（３）

それにしても、考古資料の裏付けがなされなければ説得力がありません。一九九八年、大阪府文化財センターが尺度遺跡で三世紀の建物群を出してくれました。図６です。

これも私の復元案ですが、最も魅力を感じたのはＡ区画です。一部だけの調査ですが、内部には三重の溝と柵で囲まれ、外部にも柵と溝があります。さらにＡ区画の外郭中心から北東に幅約一〇メートルの道が設けられているのも何か意味ありげです。道の先には、別の大きな区画があるのではないかと想像させてくれます。

もし、そうであれば、私の卑弥呼居館復元案が横配置であるのに対し、縦配置の居館を想定することになります。

資料が少ない今は、両方の可能性を考えておいた方がいいのでしょう。佐賀県の吉野ヶ里遺跡や滋賀県の伊勢遺跡では、二世紀に一集落内に二つの中枢区画があることが分かっていますので、三世紀の居館にも継承されているのだと思います。つまり、三世紀の並列する二基の方形区画が発掘されても、そこが「女王の都するところ」とは限定できないということです。『魏志倭人伝』に描かれている卑弥呼の空間と男弟の空間は、別に邪馬台国だけのことではなく、二・三世紀、あるいは四世紀の日本列島各地で行なわれていた居館配置かもしれません。

三　楯築の墓

そのへんのことを、お墓の方から考えてみましたのが、図7～11です。一般に弥生墳丘墓といわれる岡山県の楯築古墳は、二世紀後半に造営された全長八〇メートル余りの二突起円墳(双方中円墳)です(図7)。私は、二〇〇二年六月に刊行した『女王卑弥呼の祭政空間』(恒星出版)の中で、卑弥呼を女王に推薦した中心人物は楯築古墳の被葬者だと考えました。

その根拠は卑弥呼がどこの人物であったとしても、邪馬台国がどこにあったとしても、卑弥呼が登場する段階の最大の墓の主が共に女王を立てる時に黙ってはいないだろうと。当然、共立の主導者であろうと考えた訳です。

なお、楯築古墳は卑弥呼や邪馬台国と一切、関係ないとしても、とんでもない墓です。全長八〇メートルという隔絶した規模と円形墳である点です。

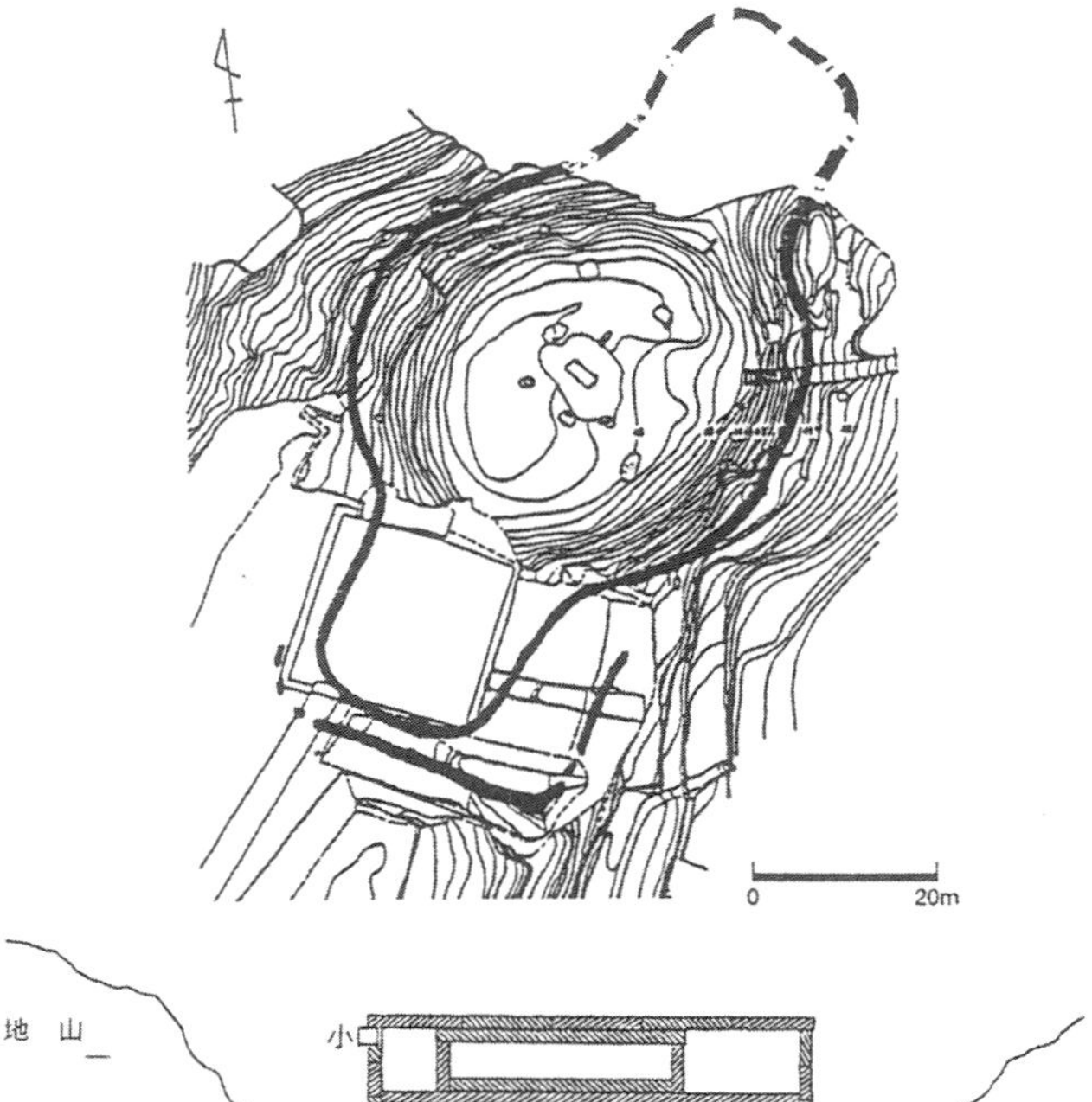

(図7)岡山県倉敷市　楯築古墳
(出典　近藤義郎ほか「楯築弥生墳丘墓の研究」楯築刊行会 1992年、一部改変)

弥生時代は日本列島全体が、方形墓の世界です。それなのに円形の大型墓が突然現れるということが極めて不自然です。その上、二重の棺構造＝木槨墓の上に円礫を積み埴輪のルーツになる特殊器台を設置します。

さらに、棺内には三十数キロという朱が使われております。古墳時代の王墓には棺内に真っ赤な朱が使われますけれども、それを大量に使用する最初の例もこの楯築古墳です。二世紀後半の列島全体の中で重要な役割を果たしていた被葬者だと思います。

四　丸い墓と四角い墓

その直後から近畿では円形集団墓が普及しはじめます（図8）。それ以前も円形墓はありますが、方形墓の中の少数派です。

それが、この三世紀に入ってきますと、小さい墓ですけれども、円形集団墓が出てくるという変化が起こってきます。

そういう変化は西日本だけではなくて東日本でもあります（図10）。千葉県神門古墳群です。円形墓に突出部のつく五号墳から突出部が長大に整備される四号墳・三号墳への進展が明瞭にみてとれます。他方、同じ千葉県高部古墳群は一突起方形墓（前方後方墳）が二代続いて造られ、銅鏡が副葬されています（図11）。円形墓と方形墓のせめぎ合いがはじまっています。

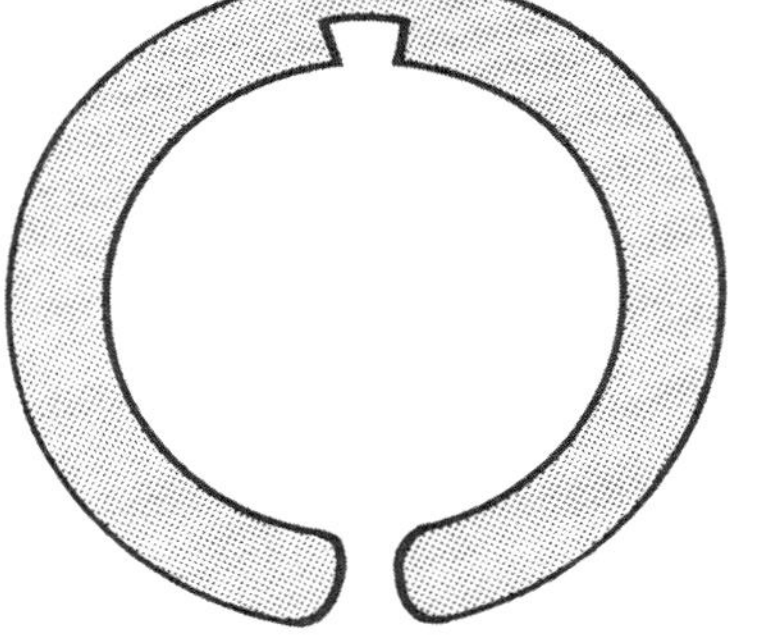

（図８）兵庫県原田中の円形墓　出典（４）

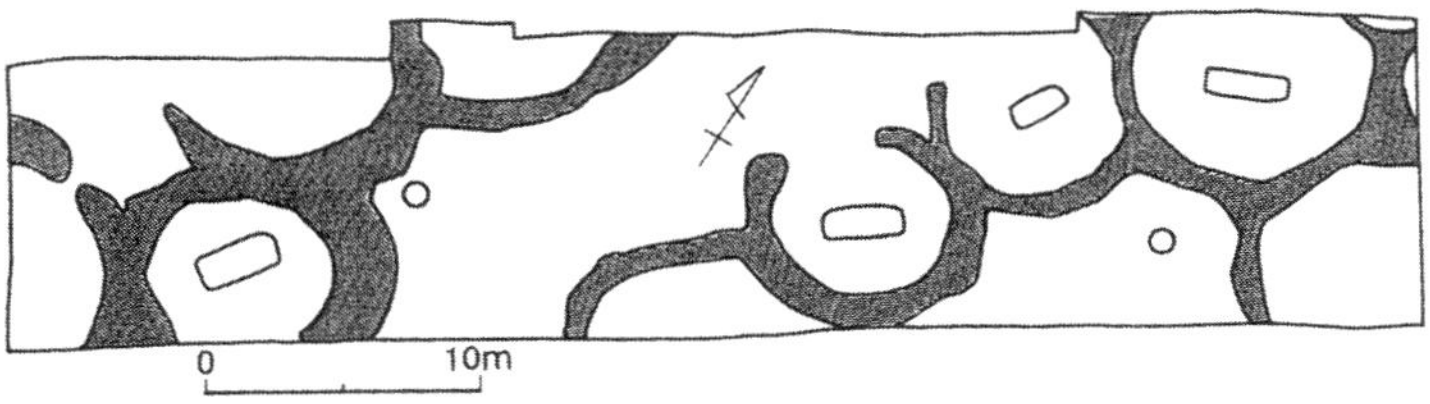

（図９）神戸市深江北町遺跡の円形墓跡　出典（４）

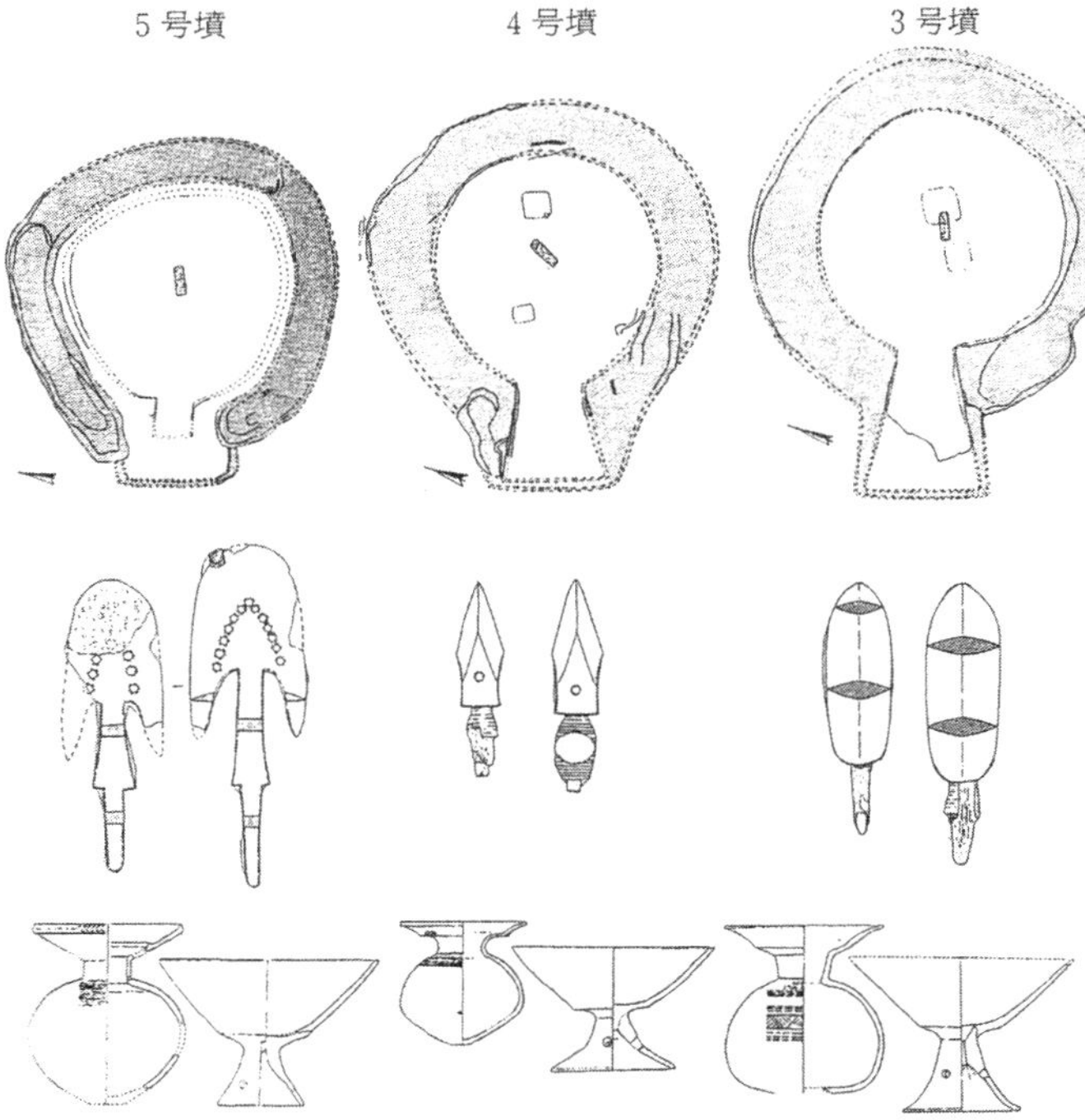

（図１０）上総の一突円墳郡（千葉県神門古墳郡）（田中 1991）出典（３）

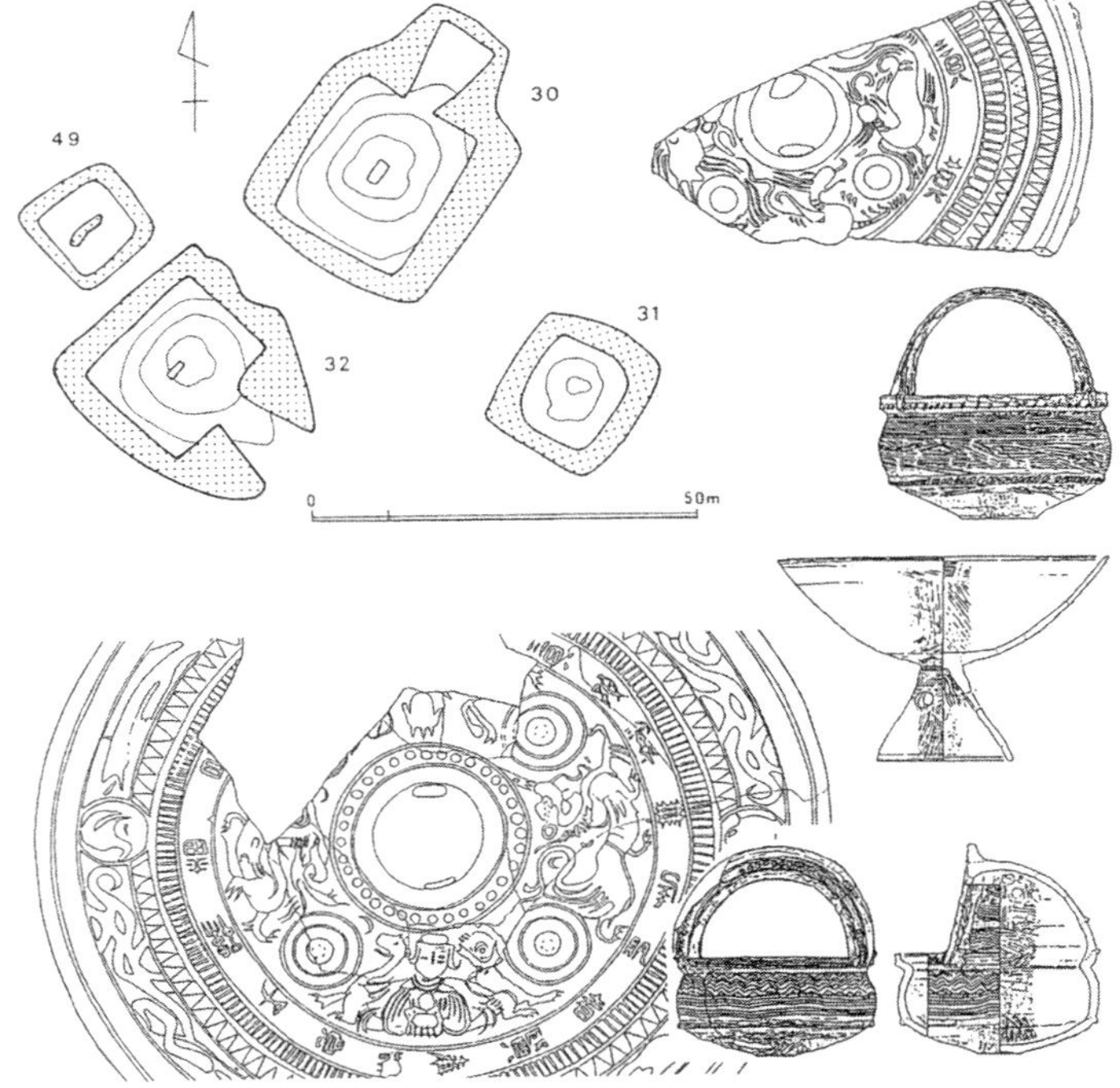

（図１１）上総の長突方墳群（千葉県高部古墳群）（小沢 1994 から作図）

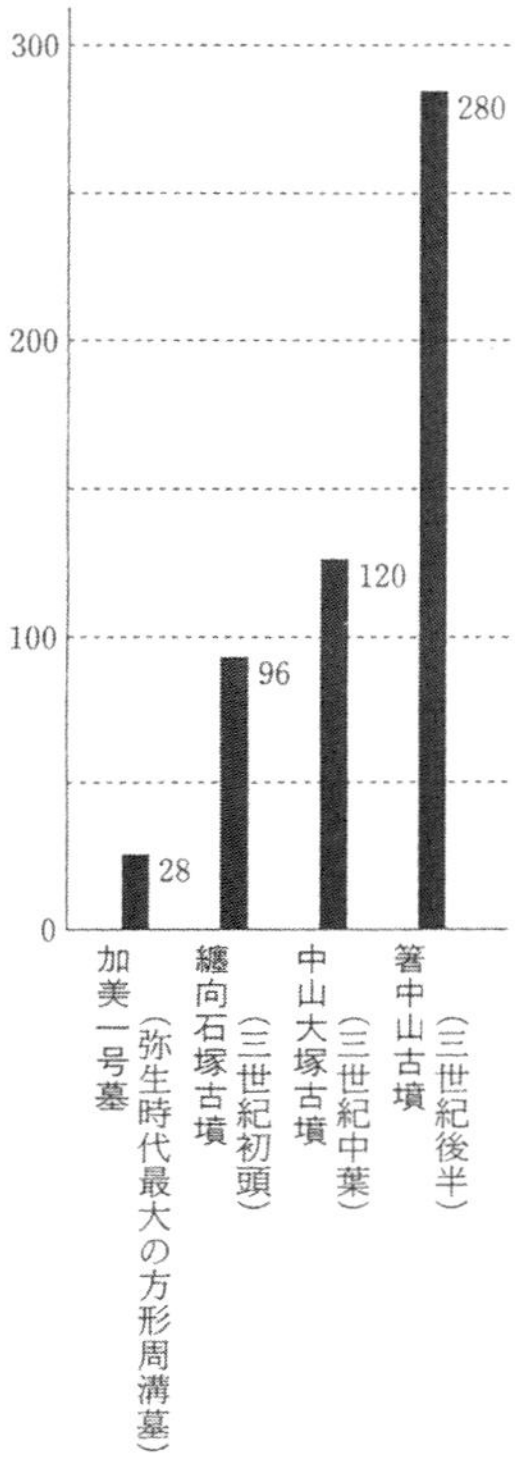

（図１３）近畿地方の墳丘の長軸（長辺）比較（単位：m）

五　巨大墓の出現過程

よく古墳時代の始まりは奈良県箸中山古墳（箸墓）で全長二八〇メートルの巨大墳であるということが多くの人によって注目されています。その築造時期は最近、二六〇年頃に当てる研究者が増えてきていますが、共伴している土器はそんなに古くありません。

宮内庁所蔵の横頂部の土器や、前方部南側周濠の土器群は、纏向三式新＝同四類＝布留０式で三世紀第四半期です（図12）。

図(13)をご覧下さい。左端の加美一号墓は弥生時代で近畿最大の方形墓で長辺二八メートルです。三世紀初頭の纏向石塚は全長九六メートルの一突起円形墓です。加美一号墓の約三倍で、箸中山古墳は纏向石塚古墳の約三倍です。

ちょっと考えて下さい。平均一〇メートル前後、最大級でも三〇メートルの方形墓の世界に、一〇〇メートル近い円形墓が出現した驚きは大変でしょう。その時、箸中山古墳は世の中に存在しないのですから。

その驚きは無視して九〇メートルに対して二八〇メートルだけの驚きを強調するのは片手落ちだと私は主張しています。箸中山に対する驚きと同様の驚きがそれよりも数十年前にあったということをこのグラフで見ていただけたらと思います。

終わります。どうもありがとうございました。

引用図版出典一覧
(1)石野博信著一九九〇『日本原始古代住居の研究』吉川弘文館
(2)石野博信著二〇〇二『女王卑弥呼の祭政空間』恒星出版
(3)石野博信著二〇〇一『邪馬台国の考古学』吉川弘文館
(4)石野博信著二〇〇二『邪馬台国と古墳』学生社

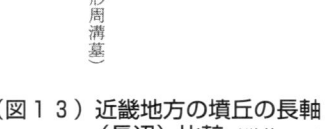

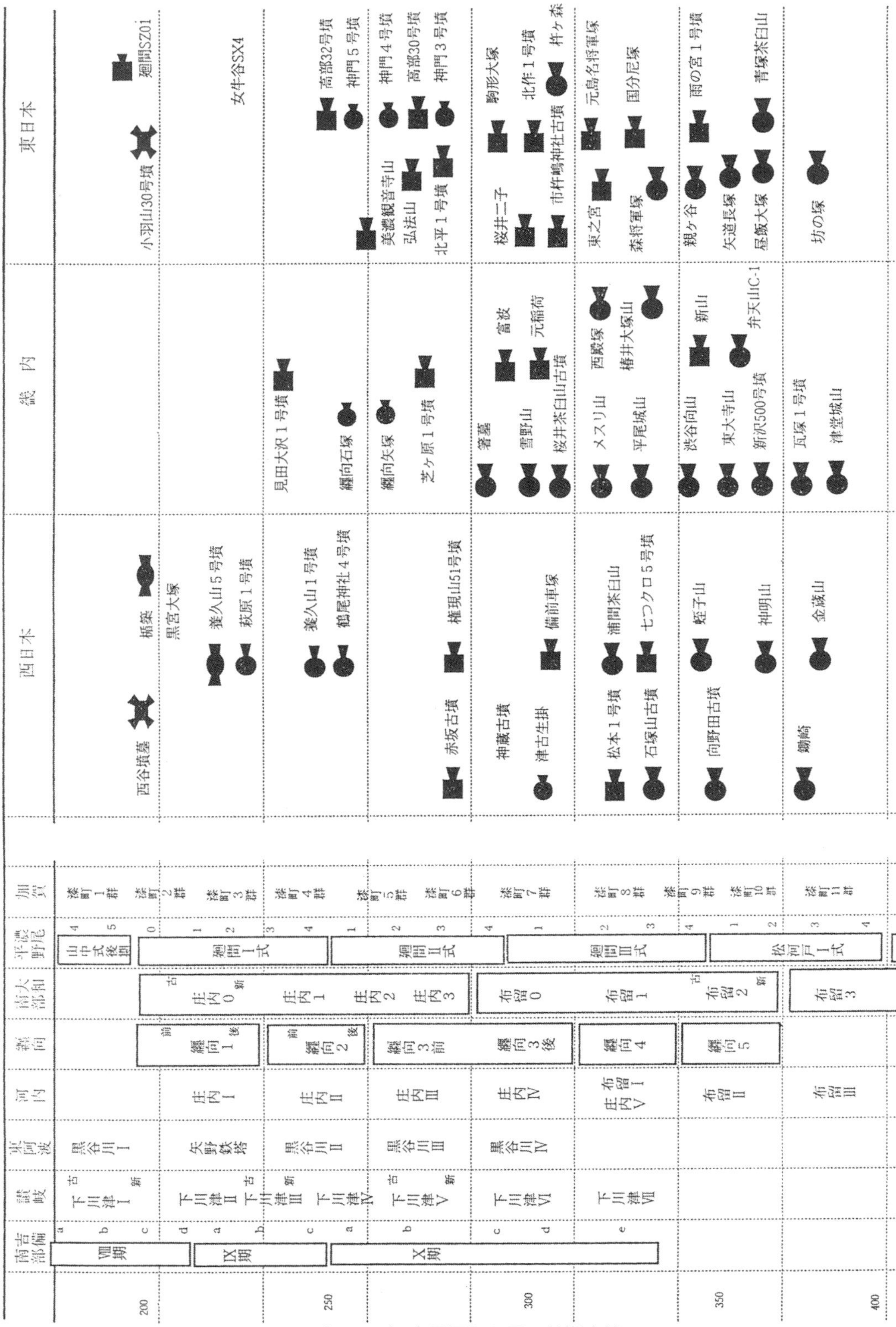

（図１２）土器編年と早・前期古墳

（赤塚次郎『初期前方後円（方）墳出土の土器』季刊考古学 52 に加筆）出典（４）

纒向勝山古墳の周濠内木材

墳丘の祭儀建物を改築？

五月三十日から三十一日にかけて「邪馬台国は古墳時代」という報道が駆けめぐった。奈良県桜井市・纒向《まきむく》勝山古墳の周濠《しゅうごう》内の木材が年輪年代から新しく見ても西暦二一一年に伐採されたと橿原考古学研究所が発表したからである。二一一年という伐採年の判定が正しいという前提に立っても課題は残る。そのことについて考えてみたい。

紫外線劣化がないのは

一つは、周濠内木材の伐採年が古墳築造時期を示すという根拠は何か、という点である。これについて研究所は、木材群は墳丘上に建てられていた祭儀用建物の部材であり、木材表面に紫外線による劣化が認められないので伐採後すぐに使われ廃棄されたと説明している。

纒向勝山古墳の上に建物があったことは、未調査のため確認されていない。しかし、二世紀の島根県出雲市・西谷三号墓の墳丘上には四主柱穴があるし、四世紀の桜井市・メスリ山古墳墳丘上の二間×四間の柱位置と等しい埴輪《はにわ》配列などから墳丘上建物の存在は推定してもよい（石野『古墳時代史』雄山閣、一九九〇）。

石野《いしの》　博信《ひろのぶ》

すぐに使い廃棄は疑問

古材削り再利用の可能性

ただ、紫外線による劣化がないから直ちに廃棄した、という推定には疑問がある。それは、古材を再利用するとき表面を削り直す場合が多いことと、今回の建築部材群が柱や板の完品ではなく断片ばかりであることである。古材の表面を削って再利用し、新しい建物の寸法に合わせて不用部分を切断して埋めたという理解も可能である。

土器編年と60―70年差

このように理解すれば、もう一つの課題である〝なぜ二一一年以前に伐採された木材が三世紀後半の土器と共伴しているのか〟という疑問にも答えることができる。木材の伐採年と共伴する纒向四類＝布留0式土器には六十〜七十年の年代差がある。研究所はこれら新しい土器は、周濠内への後の混入と考えているらしいが、木材群の深い部分からも出土しているので難しい。

だからといって、纒向四類＝布留0式土器の年代を三世紀初頭に引き上げることはできない。もし引き上げると、纒向四類以前の纒向二・三類＝庄内式古・中段階が二世紀のほとんどを占め、それ以前の弥生後期前半が一世紀前半の貨泉と共伴する事実と矛盾をきたすからである。つまり、調査事実から帰納できるのは、二一一年以前の古材を三世紀後半に再利用したということである。

3世紀後半に祖先祭祀

それでは古材はどこに存在したのか。木材群は墳丘くびれ部の周濠内に集中していたことを重視すれば、外からの持ち込みではなく墳丘内にあった可能性が高い。墳丘上に主として二一一年以前に伐採した木材を用いた祭儀用建物があり、三世紀後半に大改築が行われたのではないか。

纒向古墳群内には箸中山古墳（箸墓）をはじめ、ホケノ山古墳、纒向石塚古墳、纒向矢塚古墳など、周濠内上層から多量の纒向四類土器が出土している。この時、纒向地域で大々的な祖先祭祀《さいし》が行われたのではないか。その一環として纒向勝山古墳の墳丘上建物も新装されたと理解したい。

私は、たまたま約三十年前に纒向遺跡の調査を担当したころから、古墳の出現は当時定説とされていた三世紀末・四世紀初めより約百年さかのぼるのではないかと考え、発表してきた。ここ十数年、かつての定説の根拠の一つとなっていた京都府山城町・椿《つば》井《い》大塚山古墳の三角縁神獣鏡群より古い型式の鏡群を持つ神戸市・西求女塚古墳などの出現と、年輪年代測定法の定説より古い数値を契機に、古墳の出現を三世紀中葉とする研究者が増加しつつある。

もしそうであれば、二四八年ごろの女王・卑弥呼没年のときに古墳が始まり、世の変革が起こったことになる。事実はそうではなく、「倭国乱」を治めるために登場した女王・卑弥呼の新思想「鬼道」のシンボルの一つとして「前方後円墳祭祀」が創設され、新時代を迎えたのである。纒向勝山古墳の建築部材の中の朱色の板材は、白木造りとイメージされている弥生建築とは異質な新世界を象徴しているように思われる。

（徳島文理大学教授、奈良県香芝市二上山博物館長・考古学）

読売新聞平成13年6月8日発刊号より転載

古墳時代

「注目する交換・交易のシステム」

松戸市立博物館長　岩崎　卓也

岩崎と申します。本日、お話ししようと考えていたことが、石野さん等のお話とだいぶ、重なることがわかり、ちょっと、戸惑っています。そのことを念頭に、テーマを限って、お話をさせていただこうと思います。

この『季刊　考古学』八〇号で述べられているように、古墳時代の研究は、今、その成立・展開・終末をめぐる基本的な考え方が、進行しつつある世代交代とあいまって、大きく変わりつつあるようです。

もちろん、この時代が列島の国家形成期と大まかに重なり合うことは、大方の認めるところかと思います。

しかし、そのような段階的変化をもたらしたものを、ここで網羅的に検討するわけにもいかないので国家形成に大きく機能したとして、近頃、注目されている交換・交易システムの一端を、具体的に鳥瞰することにしました。したがって、テーマとは、離れて、弥生時代終末段階から古墳時代に入ろうとする時期の検討に終始することをおゆるし下さい。

一　青谷上寺地遺跡の木輪

はじめに、なぜ、こういう弥生時代の遺跡・遺物をとり上げるのか、説明させていただきます。私どもの松戸市立博物館では、鳥取県教育委員会のご協力を得まして、今年の七月から八月にかけて一カ月ほど青谷上寺地《あおやかみじち》遺跡の主な出土品、五百点ばかりを展示させていただきました。今、何人かの方が、この遺跡は地下に埋もれた「弥生の博物館」であるという言葉で説明されたように保存状態が、とても良好な遺物がたくさん出土しています。

そこで私は、通常の弥生時代遺跡では、あまり見ることができない遺物に、とくに注目するように心がけました。こうして、選びだしたいくつかの注目品の一つが、図1で「青谷上寺地の木輪」としたものです。これは木製であることを強調しようと思って、私が勝手につけた名前です。調査者の方が使われる、木環と改めるべきだと思っています。注目すべきことの一つは木環にとりつけられた直径二・五センチぐらいの丸い土の玉です。それには穴が貫通して

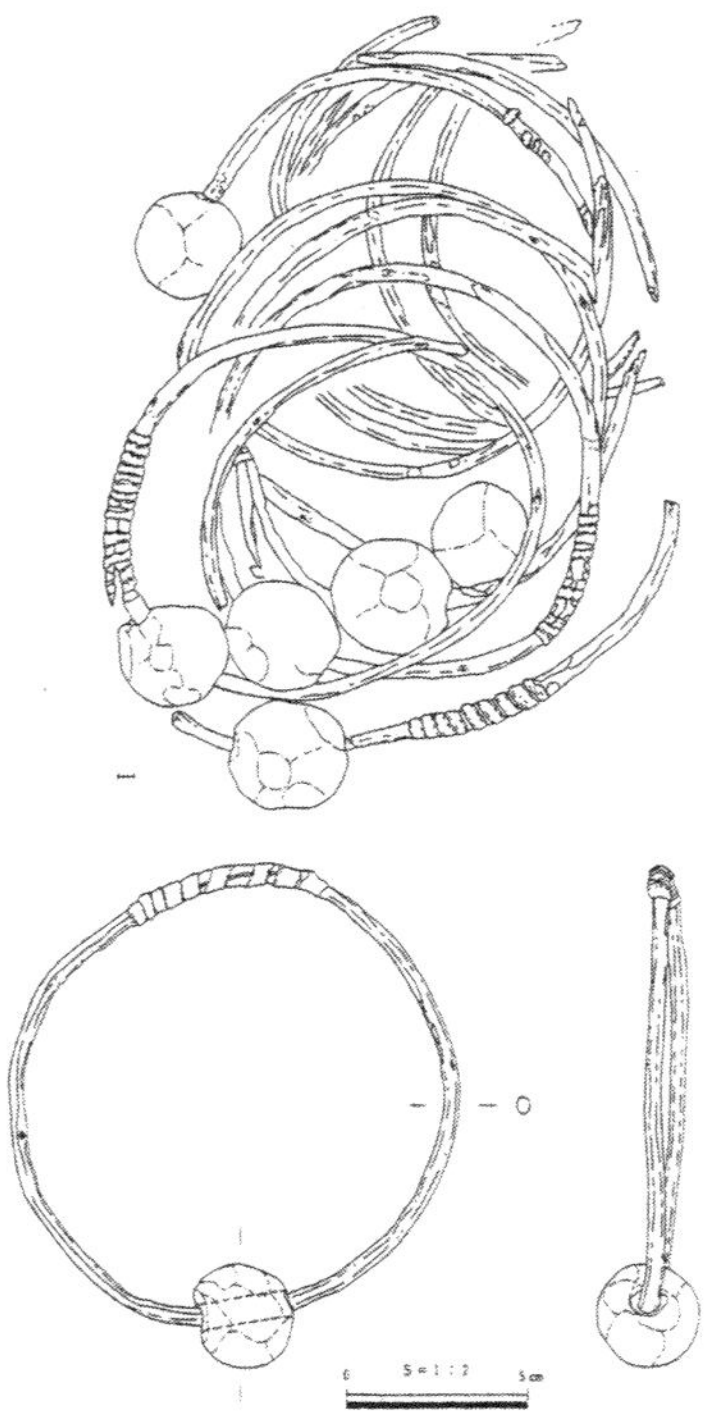

図１　青谷上寺地の木輪と土玉

木製高坏の数々（写真提供／鳥取県教育委員会）

います。その穴に細い、直径五ミリばかりに削った桧材などで作った細長い棒を差し込み、それを通したうえで丸くたわめ、その両端を木の皮で緊縛して仕上げたものです。木環には土製玉が一つ伴うことになります。

こういう木環が場所によって、いくつも折り重なるように出土しているのです。青谷上寺地の場合、この土玉が二〇〇〇点も出土しているということです。これらは一体、何に使われたものなのか、私どもは大変、興味を持ちました。展示解説を書いていただいた青谷上寺地遺跡の調査担当の湯村　功さんは、その土玉の項で、「環に取り付けられたものが、数や重量の計測に用いられた可能性はないだろうか」と、その計量・計算機能を想定されました。

つまり、弥生時代の終わりから古墳時代の頃、急速に活発となったと推測される物資流通システムに関連して作りだされた品々ではないかとの疑いをもたれたのでしょう。その場合、一番重視されなければならない物流とは国家形成に直結すると考えられる物品の流れということであります。そうであれば、日本の場合、とくに鉄の流通を重視しなければならないということになりましょうが、今のところ、それと結びつくかどうかは疑問です。余談になりますが、列島の国家形成史に大きく機能したのは「物流」とりわけ、鉄のそれであり、これを把握した集団が中心勢力になって、大きな古墳に表徴される政治圏を形づくったと、最初にいい出されたのは、恐らく一九六〇年代の増田精一教授だったと思います。当時は、国家形成と深くかかわるのは、戦争や水利、あるいは豊かな農業生産などとする考えが主流でした。そういう中での物流こそが国家形成への近道だったという考え方でした。

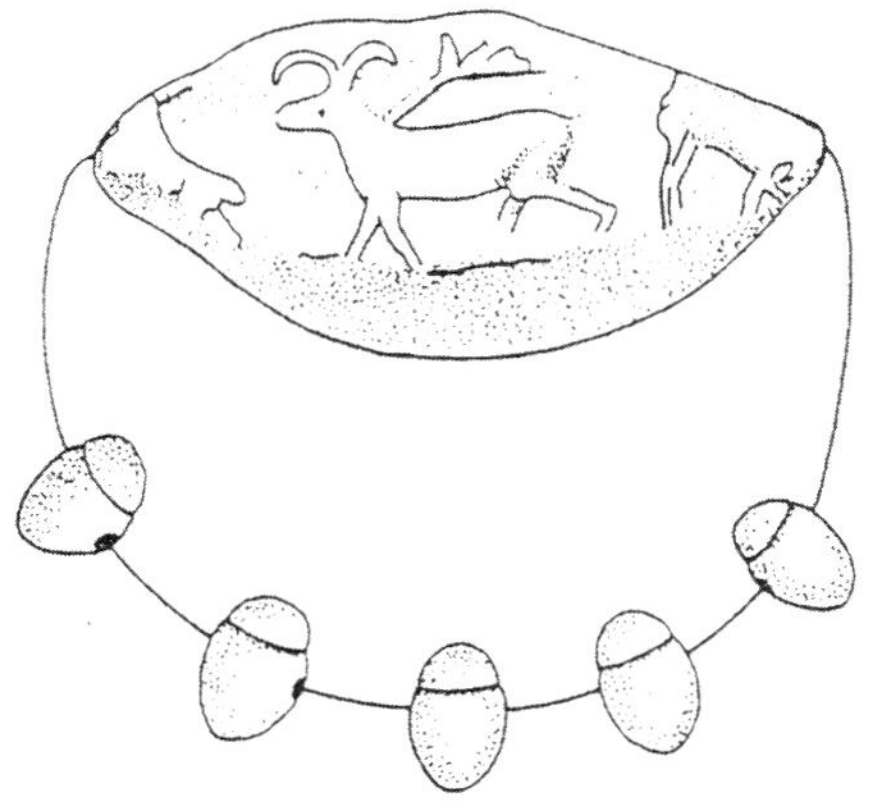

図２　幾何学形小型土製品と封泥の一例

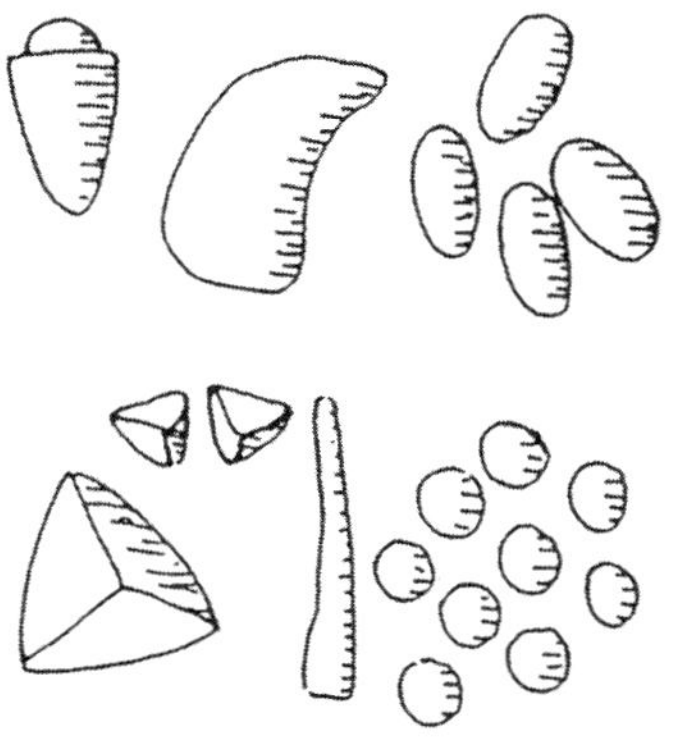

図５　西アジアの幾何学形小型土製品

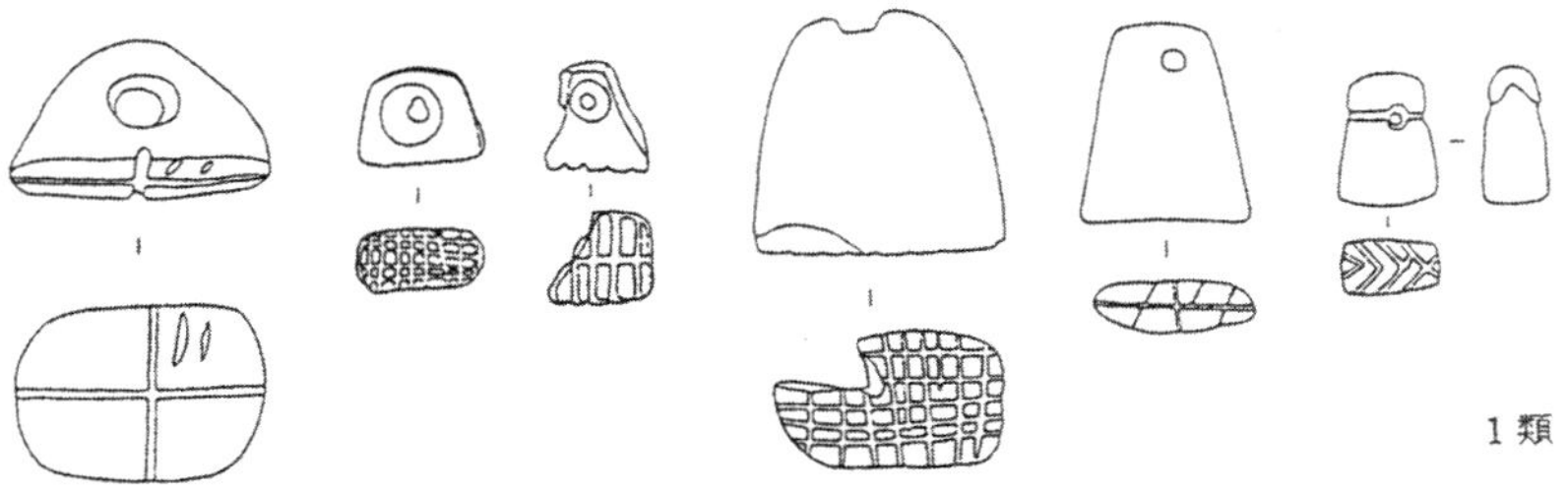

図４　西アジアの初期印章

湯村さんの発言は、その延長線上にあるのだろうかと、大変興味を持ったわけです。

二　物流の問題

湯村さんは、土玉のかたちや彫りこまれた図柄が品物、あるいは数を表わしている可能性はないだろうかと考えられたのだと思います。そういうものなら私どもも類例を知らないわけでもありませんでした。例えば先程、小林さんが西アジアとの比較ということをおっしゃいましたが、西アジアでは前四千年紀ぐらい、ちょうど国家形成期の頃に物流システムが整っていたといいます。

物流が盛んになれば、ものを動かすために、いろいろな手続きが必要になります。物品を安全かつ簡便に先方に届けるには中身が何で、いくつあるのかを表示する荷札や送り状のようなものがあると好都合です。ということで、西アジアの考古学者の中には物流にかかわると考えられそうなデータを集める人もいます。その中に青谷上寺地の土玉によく似たものもあるのです。

図２をご覧ください。幾何学形小型土製品と非常に堅苦しい、いい方をしていますが、この場合は紐を通した五個の有孔土製品のことです。５を見ていただきますと、いろいろな形の幾何学形小型土製品が見られるようです。紀元前四千年頃の遺跡を調査しますと大きな町などの場合、神殿だとか公共建造物があります。その特定地区から、これが大量に出てくることがあるようです。

そして図５にもどりますと、子供が粘土細工で作ったおひねりを思わせる三角の粘土の塊、丸いもの、それから棒状のものなど、い

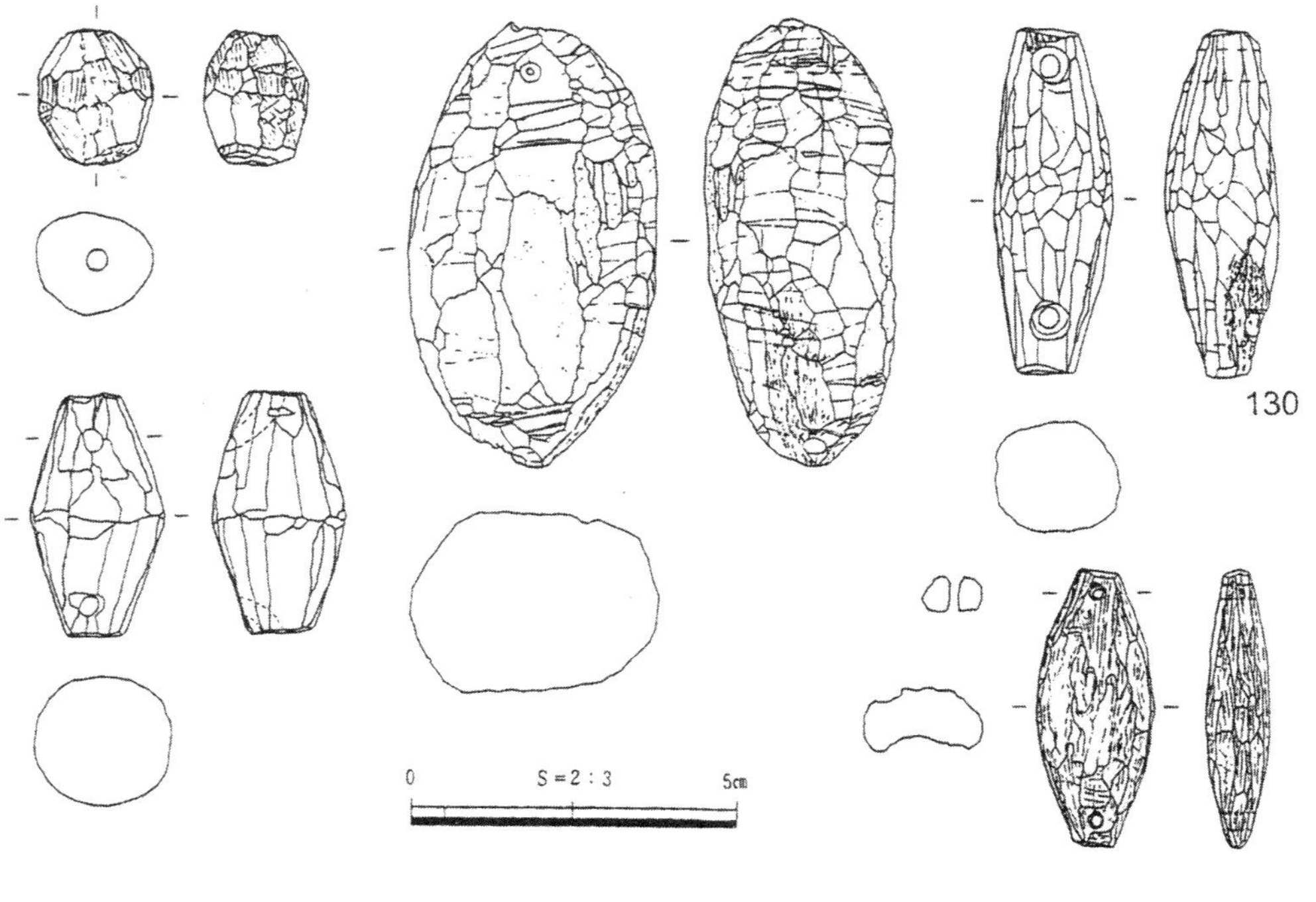

図3　青谷上寺地の擬餌状骨角器

ろいろな、かたちの粘土塊が出てくるのです。そしてこれを研究者たちは幾何学形小型土製品（トークン，Token）と呼んで搬送品の数あるいは、種類の表象と理解する人が多いようです。

それでは、これに先行する荷札の類はどうでしょうか。ちょうど、紀元前八千年頃、西アジアでは印章、図4のような例が広まります。

西アジアの初期印章と書いてありますが、先土器新石器文化の段階で、すでに印章が発達しはじめているというのです。印面の文様は単純ですが、印章は胴部に小孔を貫通させているところを見れば、携帯していたことがわかります。

続いて、前五・六千年紀頃の新石器時代終末段階のハラフ期の例をシリア国、テル・サビ・アビアド遺跡の例からうかがいます。ここでは、ムラの定まった地点から印影のある粘土（封泥）片がまとまって出土しています。図6・7は共に封泥ですが7は、石製容器の蓋です。石の容器に何かを入れ、それを粘土で覆い、その粘土の上に数多くの印を押していきます。運搬する品の安着を祈ってのことはいえないでしょうか。

この時期には、石製容器のほかに土器も運搬されます。遺跡から遺跡に土器そのものが運ばれたのかもしれませんが、遺された土器を見ますと、口の部分に粘土で封をしたあとが認められるものもあります。そこには必ず、封泥によって内容物の安全を図ろうとしたのだと思います。印章使用の第一段階では、恐らく所有者の品が安全に保管されるように、封印をしたのでしょう。

それが、次の段階になると単なる所有を示すものではなくて、運ばれる品の名と数などを小型土製品として定形化させ、それを粘土製の封筒（図9．Clay Envelope:Bulla）におさめて封印をすれば、こ

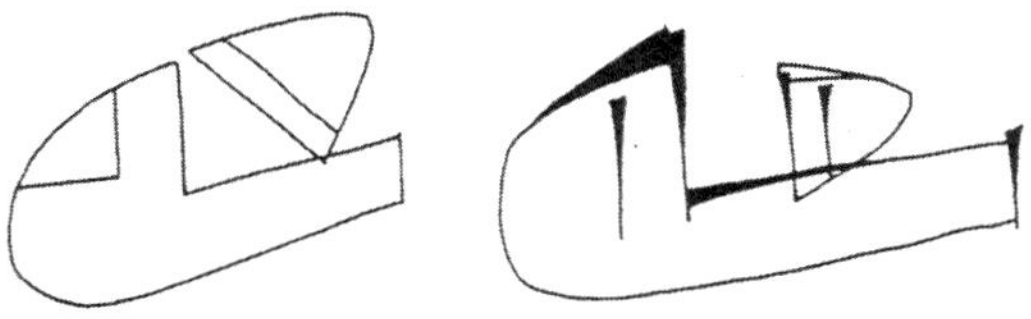

図８　斜縁浅鉢と楔形文字

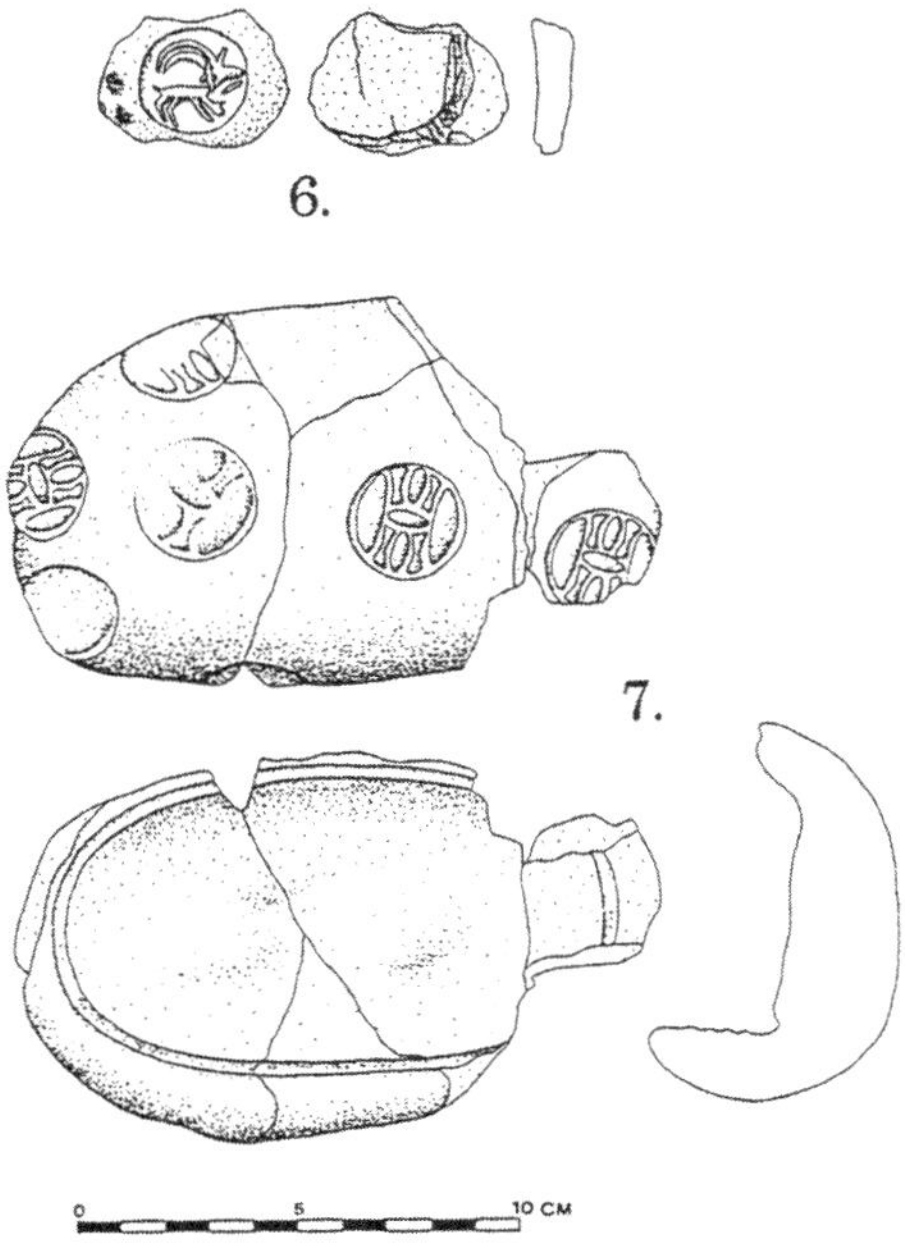

図６，７　テル・サビ・アビアドの封泥

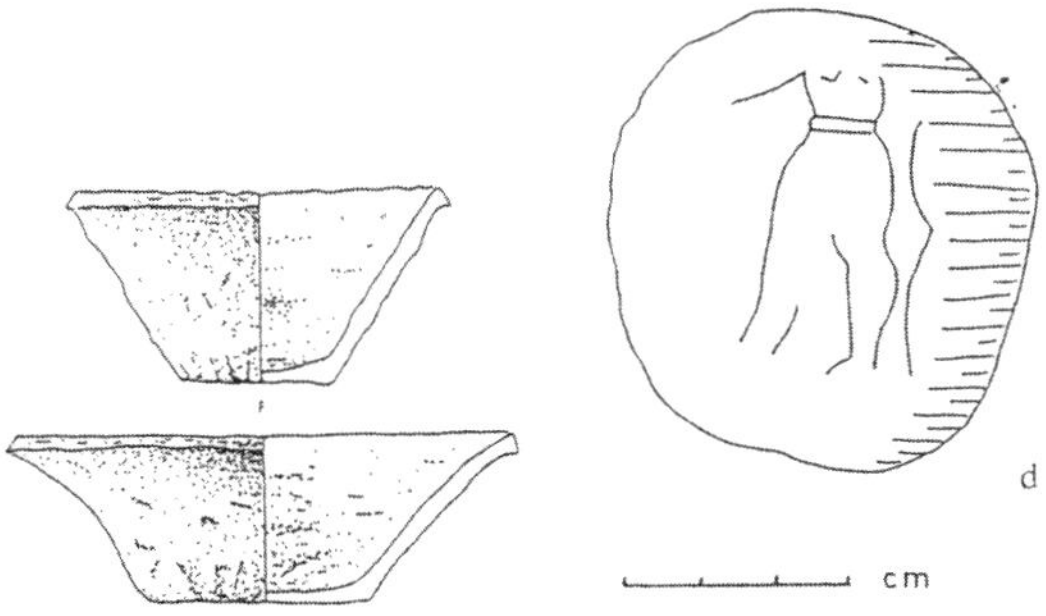

図９　印章のある粘土封筒

れが会計帳簿や送り状の役目をはたします。

さて、ここで再び青谷上寺地の木環に目をむけたいと思います。図1の木環を図2の紐に、そして土玉をトークンに見立てれば両者の間に通じるものがあるといえるかもしれません。土玉の孔にもトークンを貫通する孔にも、磨耗のあとはみられないといいます。

したがって、これを持ってあちこち移動したものではないらしいのです。西アジアの研究者には、恐らくトークンを控えとして、あるいは会計帳簿として保存するためのものだったと考えている人も多いようです。

トークンなどが使われた前四千年紀の頃といいますと、先程申しましたように、西アジアでは、都市や国家の形成期になっております。多種類、そして多量の物品の管理や交流が都市・国家形成の基盤を形づくっていたのでしょう。やがて、絵文字と印章の段階から、文字への移行が始まるのが西アジアです。図8をみてください。8は絵文字から「食べる」という楔形文字に変わっていくそのプロセスを示す、ニッセン (H.j.Nissen) のお仕事です。最初に左側の記号化した絵がありました。それが、その次には楔を何本か組みあわせた楔形文字に変わっていくのです。注意していただきたいのは、大きく開けている口のところに描かれた三角形をした土器のような絵の存在です。

この三角形をした容器は、当時、西アジア一円で多量に生産された口の部分を斜めに削り落とした土器だと考えられています。この斜縁の浅鉢 (Beveled Rim Bowl) はこの時期（ウルク期）の西アジア一円に広がりを持つ焼き物なのです。これは粘土をこねたり、ロクロをまわしたりして作ったものではなく型作りされたものだそうで

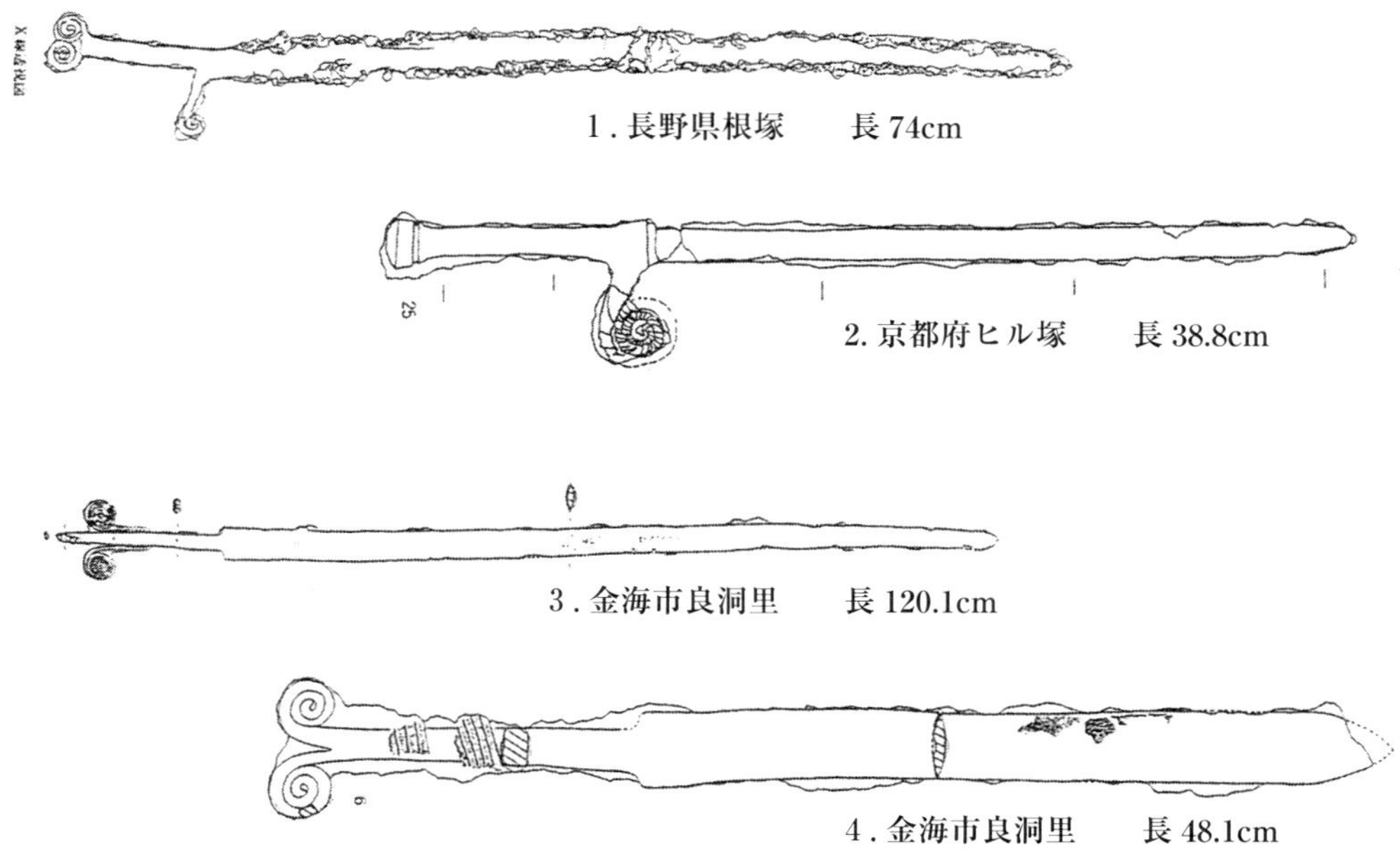

図１１　渦巻文付鉄剣

す。「型作り」であるということは同じ型で作った同容量の土器が沢山あるということです。しかもそれが大量に出まわったのです。これらを穀物のようなものの計量に使った枡の機能も果たした土器ではないかと考えてよいのではないでしょうか。それを端的に示すのが、これを「食べる」と読んだという左側の絵文字でありましょう。つまり大きく開いた口と麦などの容量を量る枡との組み合わせから、この「食べる」という絵文字が出てきたのではないかと考える研究者もいらっしゃるのです。

私は今ここで、だから青谷上寺地の土玉や木環が西アジアのような計算用とか品名の表現に関係するものだと主張しませんし、また、思ってもおりません。今はただ、交換・交易の手段を明らかにする手がかりはないものかと、そのヒントの一つとして皆様方からご意見をお聞きしたいと思っているだけなのです。

青谷上寺地の出土品で、私に、もう一つ分からないものがありました。それは図3の擬餌状骨角器です。これは全部鹿の角で作られています。この地域は、昔から非常に魚捕りが盛んな所でしたから、もしかすると、本当に擬餌として使用されたのかもしれません。しかし、ほかの地域から類例が今のところ知られていないので真相の程は、まったく分かりません。

とても小さな青谷上寺地展でしたけれども、その展覧会の時に、私が関心を持ったのは交易・交換、とりわけ遠距離間におけるそれのあり方を知る手がかりの存否でした。それとは関係しないと思いますが、木環と擬餌状骨角器の機能が気がかりだったということです。あとでヒントをお与えいただければとお願いいたします。

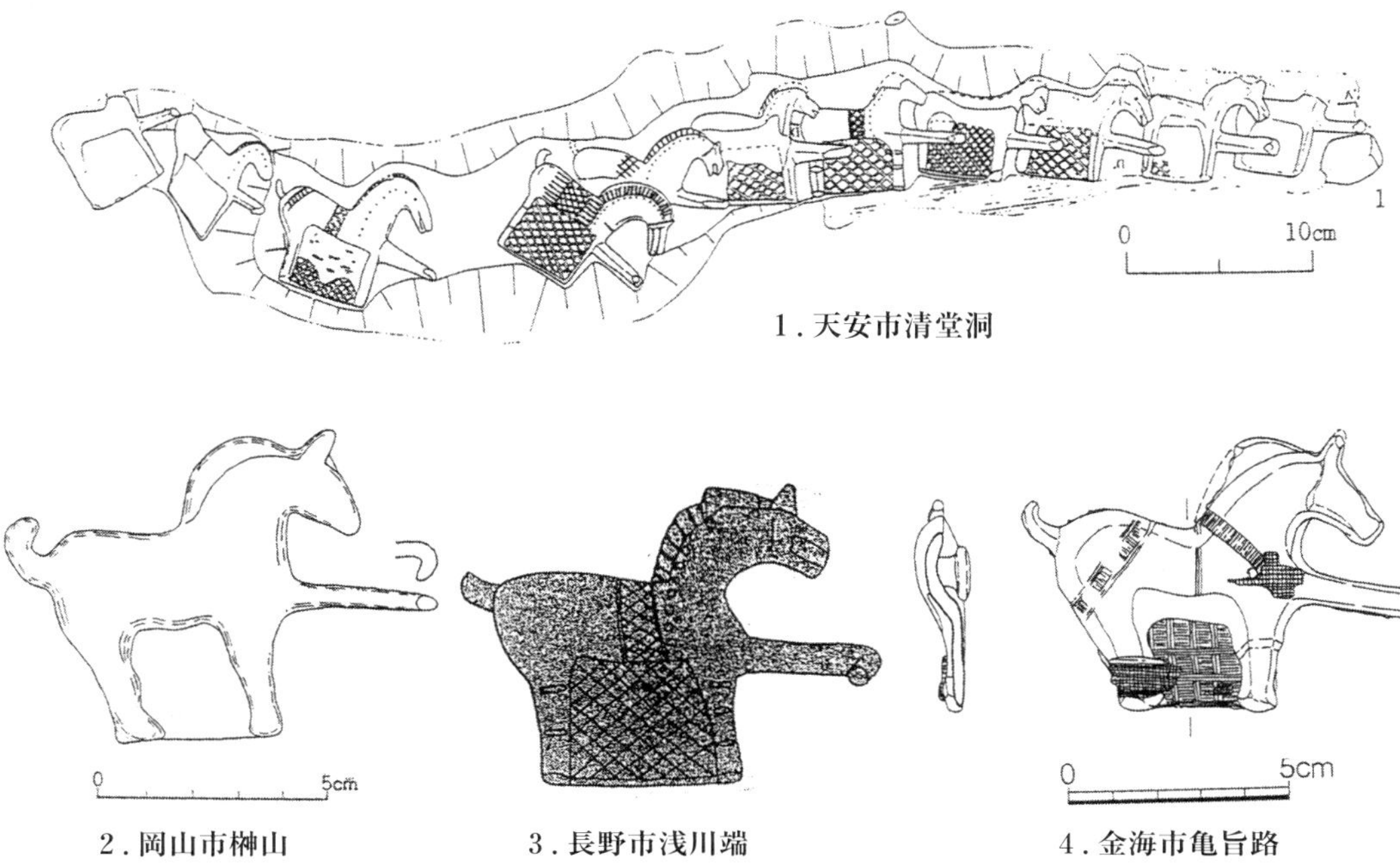

図10　馬形帯鉤

三　日本海経由の物流

時間がもうありませんが、もう一言、二言だけ申し上げさせていただきます。古墳時代形成に機能した物流を考えるときに、最近の長野県の新出土品に注目する人が急増しています。

その注目される遺物の一つは、長野県の北部、新潟県よりの雪深い、飯山市の根塚遺跡の墓から出土した鉄の長剣（図11―1）です。七四センチという長さは、弥生時代の後期としては、びっくりするような長い剣です。これには渦巻を思わせる飾りがついています。この渦巻文をもつ剣は、日本列島の中でもう一カ所、出土しています。京都府八幡市のヒル塚古墳（図11―2）です。そのほかでは、朝鮮半島の南部の出土例が知られています。

ここには、金海市の良洞里出土の二つを並べてありますが、ほかにも浦項市の玉城里でも二本出土しています。これらが朝鮮半島から渡ってきたものであることは、ほぼ間違いないと思います。飯山市は信濃川の流れで日本海に連なります。ヒル塚がある八幡市は、近頃、注目をあつめている日本海側の丹後地方に通じるところです。

次に、その上の図⑩を見てみましょう。これは馬形帯鉤と呼ばれるバックルの一種です。前足の先端が曲がっています。この馬形帯鉤が最近になって、長野市から発見されました。ここに掲げた図10―3は、その出土した遺跡の発掘担当者である風間さんが、説明用に書かれた絵でして、実測図ではないとのことです。2の岡山市榊山の図も同様です。

馬形帯鉤とは、三世紀の頃に朝鮮半島では、たくさん使われたバックルで、これまた南部に多く、例えば、最近発見された金海の亀

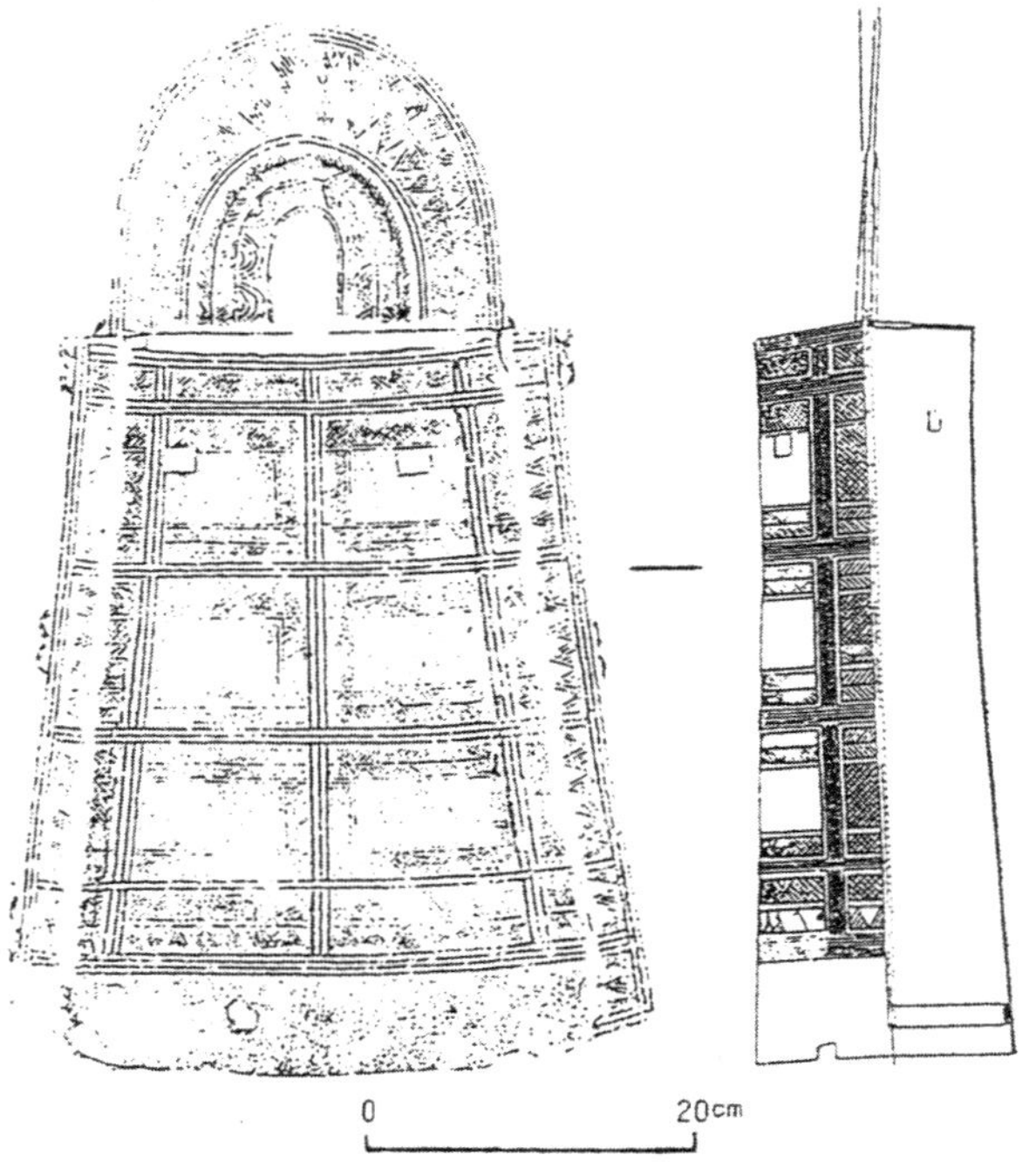

図１２　塩尻市柴宮出土銅鐸

旨路四十二号墓だとか、あるいは天安市清堂洞のように十一個並んで発見された例もあるなど、すでに、三百ほどの出土例が知られているといいます。

ところが、これまで日本列島では、岡山市の榊山古墳から六点出土したことが知られているのみでした。

朝鮮半島南部には、たくさんあるけれど、日本列島では、ほとんど見つからなかったものが、どのようなルートを経て、長野県のような山間にもたらされたのか気になります。長剣も帯鉤も古墳が出現する三世紀の遺物だということも気がかりです。

そこで、これまでに長野県域で発見された、弥生～古墳時代の青銅器を拾いだしてみると、交通の便が決して、よくないにもかかわらず、遠来の品が出土していることに気づきます。例をあげますと、北九州に通じる細型銅剣（6）、大阪湾型を思わせる銅戈（7）、これまた西方の広鋒銅鉾もしくは平型銅剣片（8）などがあります。また、多鈕細文鏡の破片を加工したペンダント（4）も出土しています。

これらが、日本海に流れ込む信濃川の流域、いい換えれば日本海斜面に分布している点にも注目したいと思います。この問題に関連して注目されるのは、銅鐸の出土です。三遠式の名で知られる東海地方系の柴宮出土銅鐸（図12）は天竜川が流れる太平洋斜面と先の日本海斜面との分水界に位置することを重視するむきがあるのです。

そして、この分水界地域の岡谷市榎垣外からは、王莽の新国の「貨泉」が出土しています。貨泉といえば、丹後地方の函石浜の弥生時代遺跡から発見されたことにも、話題が集まっています。弥生時代後期から古墳時代前期にかけて、日本海ルートの物流組織が大きく機能したのではないか、という一つの見通しなのです。

日本海ルートにかかわる物流組織のありようを考慮に入れると、長野県北部、善光寺平における古墳時代政治連合の消長も理解しやすくなるのではないかと考えています。

四　おわりに

今日の基調報告で私に課せられたのは、古墳時代の諸問題だったかと思います。ところが、結果として私の報告は、古墳時代に踏み込むには至りませんでした。私も国家形成に交換・交易システムが大きく機能すると考えてきた一人として、この問題に具体的に肉迫できる考古学的手法はないものかと思い悩んできたつもりです。そこで青谷上寺地遺跡展の提言を考えてみるべく、踏み出そうとしたのですが、結果的に、中途半端な形で終えてしまいました。したがって、報告を結びきれなかった無力さを謝するとともに物流を具体的に考えるための何かいい資料、あるいはアイデアはないでしょうかと、皆様方のお教えを請うことで報告の結びとさせていただきます。（拍手）

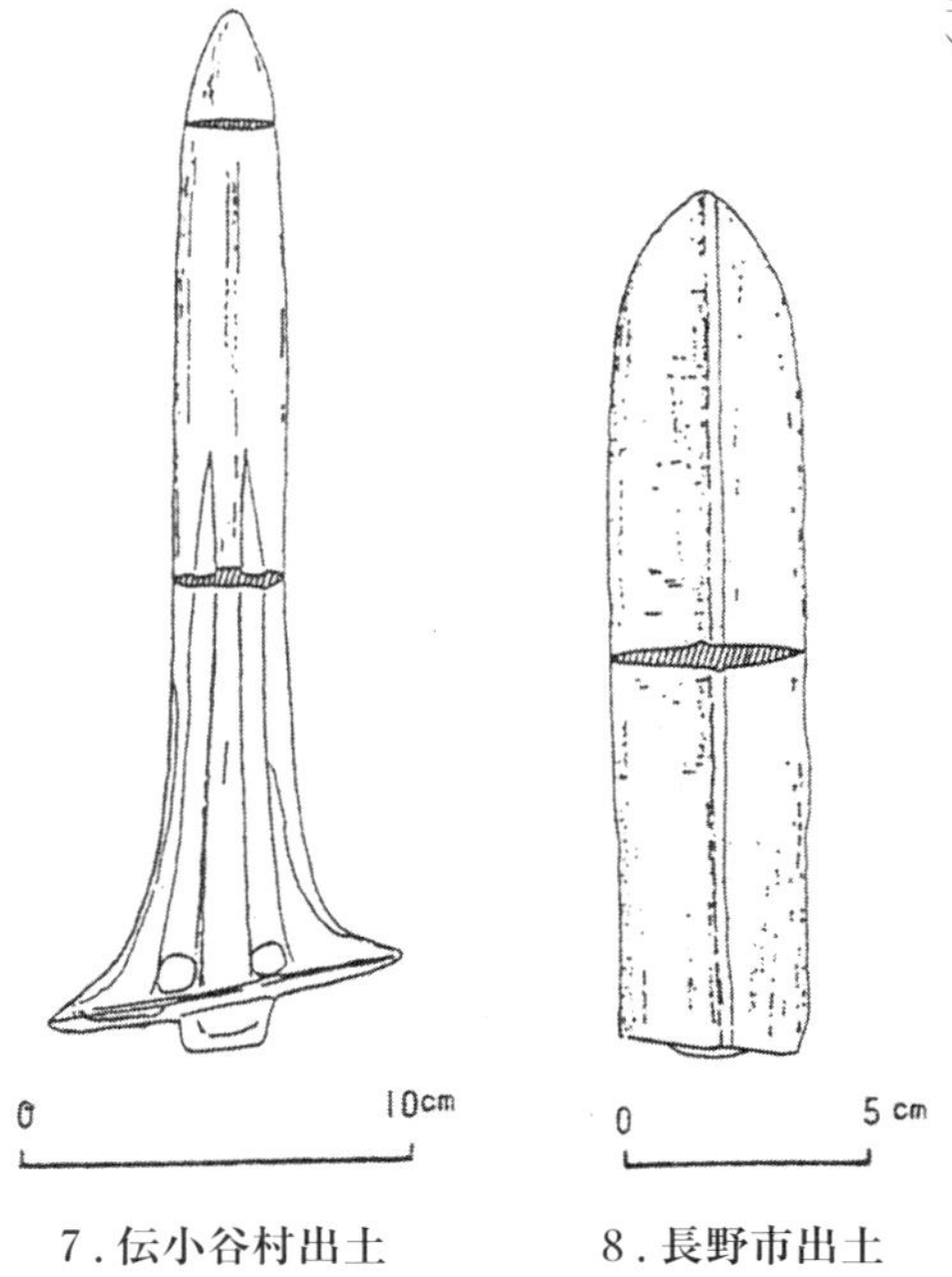

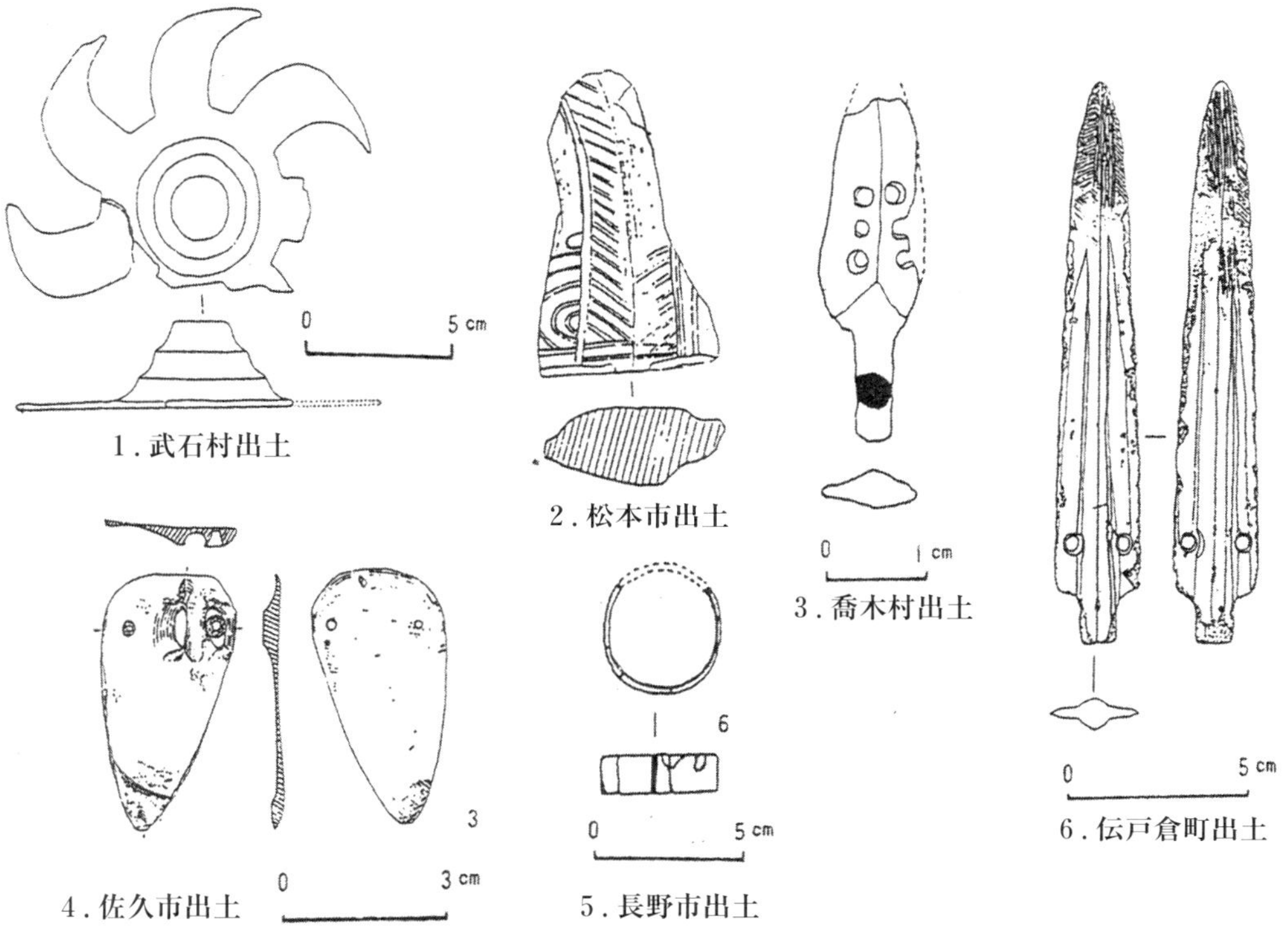

図１３　長野県域出土の青銅器

「海を渡り「国」を越える須恵器」

立正大学教授　坂詰　秀一

坂詰でございます。このあとに控えていますパネルディスカッションの司会を仰せ付かっておりますので、第一部のほうは予定通りの時間で終わりたいと考えています。与えられた時間の中で、私の考えている動向をいくつか申し上げたいと思います。

大要につきましては、お手元の『季刊考古学』八〇号の「歴史時代の展望」に書いておきました。お目通しいただければ幸いです。

歴史時代は、近年、研究対象時代などが大きく変わってきました。

私がまだ若い頃のことですが、当時の日本考古学協会の総会の光景をいつも思い浮かべます。

現在でこそ、日本考古学協会の総会・大会では、歴史時代について多くの方々による研究発表がなされていますが、かつては、せいぜい、多くても二・三件から数件程度の発表でした。今、お話するのは二十数年前のことです。発表の後半で歴史時代関係の司会を仰せつかり務めたことがありました。その時分、中世・近世の事例についての発表は、最後になされたのです。それも古代の平城宮や、そのほかの古代の調査概要の発表が終わると、発表会場に居合せた多くの人たちは一斉に席を立ってしまいます。中世・近世の研究者は、閑散とした会場で話さなければなりません。

司会者としての私は、「淋しいけれど、よろしくお願いします」などと発表する人に耳打ちしたこともありました。まず、聴講者が、三分の一以上発表会場に残ることは稀でした。それが、かつての日本の考古学協会の「歴史時代」の発表だったのです。

しかし、近頃は、数多くの分科会が設けられ、歴史時代も古代から近世まで盛況をきたしています。誠に今昔の感を禁じ得ません。

一　歴史考古学の範囲

レジュメにも書いておきましたように、かつての日本の考古学はせいぜい古代までが守備範囲でありました、その後、中世、さらに近世、そして先程、斎藤忠先生もお話になりましたように、最近は近代、さらに戦跡考古学と幅が広がってきています。このような状況をみると、日本の考古学は確かに時代的にかなり長い範囲にわたる研究をトータル的に行なえる体制が整ってきたと思います。そういう点は望ましいことですし、また、結構なことだと思っています。

しかし、それらに伴っていろいろと対象範囲も広がってきました。

歴史時代の分野で申しますと、従来の古代の調査といえば平城宮を代表とする宮殿、ついで寺跡と墳墓でした。そして発掘例はあまり多くはありませんが、集落を加えてもいいでしょう。しかし、その後、古代のあらゆる分野に対しても調査が行なわれるようになりました。

とくに近頃は、生産関係の遺跡について多くの研究者の努力が実ってきたといえましょう。例えば、それまで考えられもしなかった奈良・東大寺の大仏に使用された銅の産地の特定というような生産問題も調査対象として研究の俎上にのるようになってきたのです。

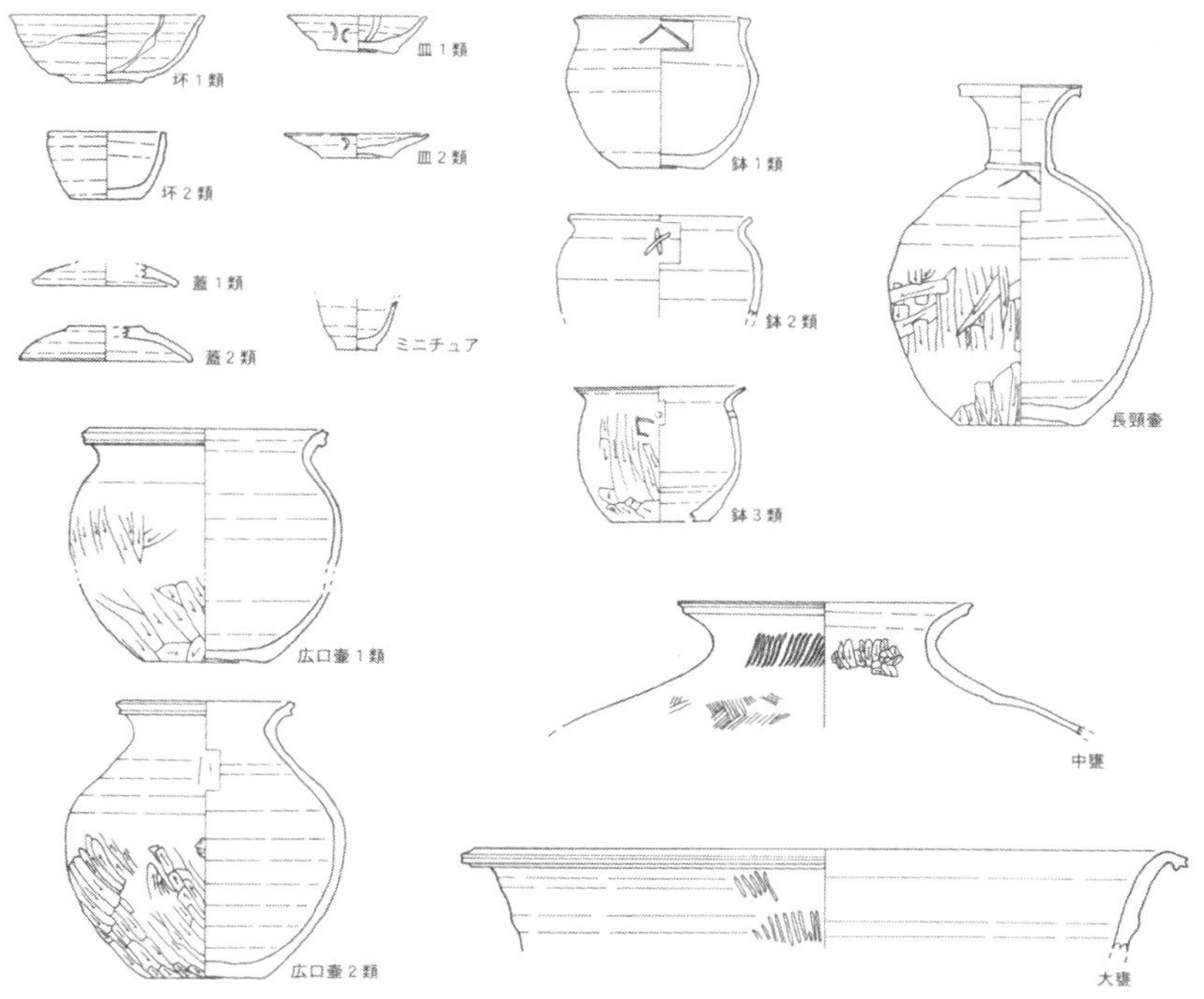

図1　五所川原（青森県）須恵器窯、前田野目6号窯の器種組成

二　北限の須恵器窯

次に、私も関係した新しいニュースを一、二申し上げたいと思います。須恵器窯跡の北限は、どこかということに絡んだ話題です。年代に関しては、いろいろ問題がありますが、ほぼ、十世紀代に青森県の先程から話題になっています三内丸山遺跡のすぐそばにある前田野目窯跡（五所川原市）が知られています。そこを三十年ぐらい前に調査したことがありました。それが今年（二〇〇二）になってから、その窯に関する問題がにわかに浮上したのです。と申しますのは、北限に位置する須恵器の窯跡を国の史跡に指定したいという意向がでてきまして、問題がクローズアップされたためです。

従来、そこで生産された須恵器は、「津軽海峡を渡った須恵器」というように理解されてきました。すなわち、北海道一円に青森県の五所川原で生産された須恵器が分布していることが分かっていたからです。

ところが、ごく最近、その「津軽海峡を渡った須恵器」といったキャッチフレーズを変える必要があるのではないか？という風向きになってきました。と申しますのは、まだ正式なレポートが出ていませんけれども、恐らく、ここ一両年中にキャッチフレーズは「青

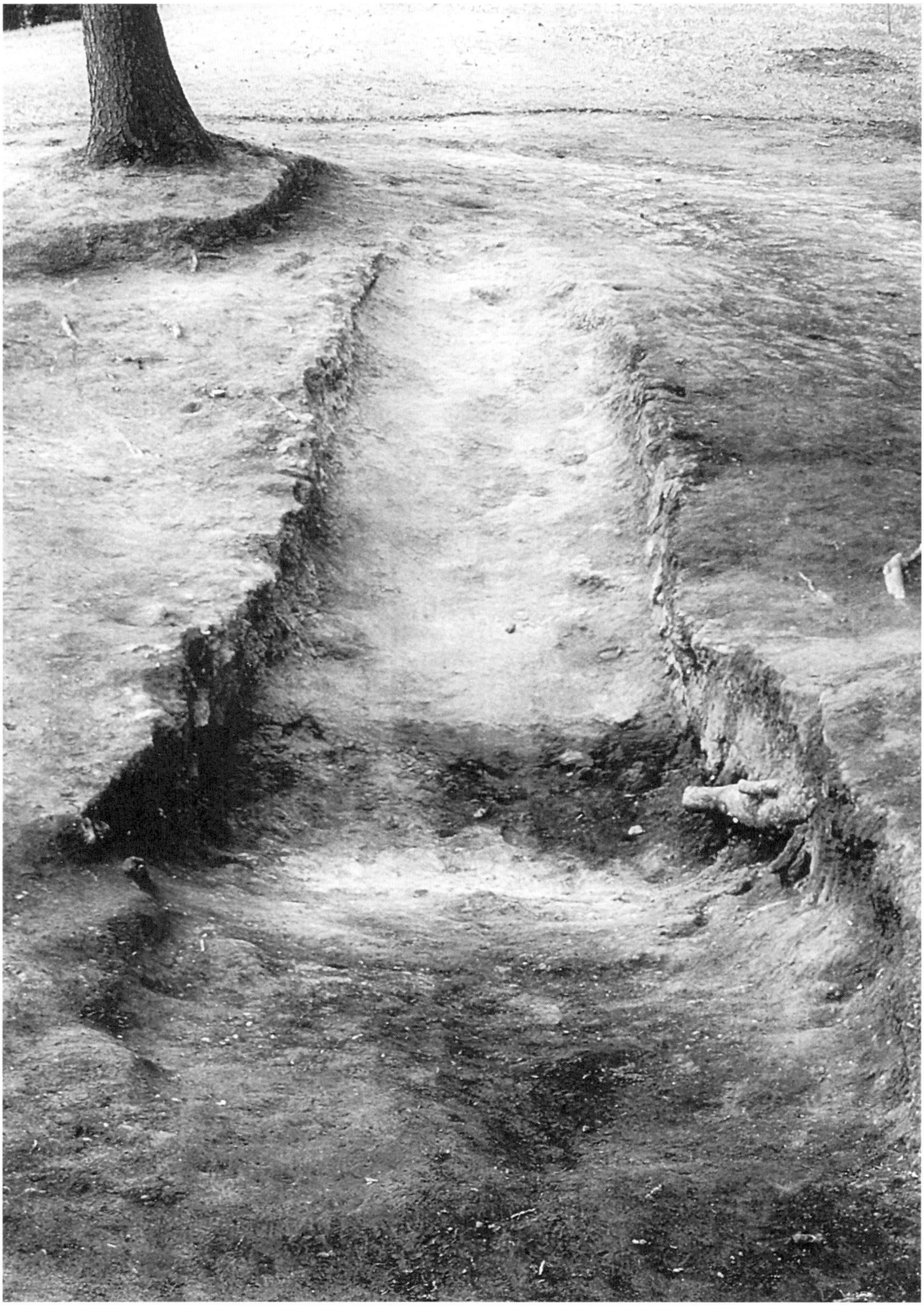

五所川原（青森県）須恵器窯、前田野目６号窯跡発掘状況

森産の須恵器、宗谷海峡も渡る」と、まさに、村おこし的キャッチフレーズになるのではないかと思われるようになってくるのではないでしょうか。そんな状況になってきました。樺太の南の方からも須恵器（?）が出土するようなことが知られるようになり、それが五所川原産と推測されているからです。

先程、岩崎さんが物流の問題をお話になりましたが、日本の青森県で生産された土器が、北海道を越えて宗谷海峡を渡っていったと、そういうことが、問題になってきました。これは新しい情報だと思います。

また、これまで、古代の須恵器は生産された国の範囲内で消費されていたことが多いといわれていましたが、国を越えた分布圏を持つものが、最近、佐渡で見つかってきました。羽茂町にある小泊の須恵器の窯です。ほぼ、九～十世紀頃のものです。そこで生産された須恵器が、新潟平野に分布していることは以前から知られていましたが、富山県、さらに長野県からも出土しています。また、それだけにとどまらず山形県、さらには一部、未確認？が青森でも出土しているようです。これらの知見によって、佐渡産の須恵器は「一国」の範囲を越えて広範な地域にわたって供給されていたことが次第に、分かってきました。このような例は、従来考えられてきた須恵器生産の供給とその分布圏そのものの認識を新たにするのではないかと思います。

以上の二つの例からみますと、生産の拡大、そして生産物の拡散という問題を、もう少し新しい面からみることができるようになるのではないかと思います。各地域において須恵器の窯跡、そして須恵器の生産技術についての研究は進んでいますが、技術的な問題とあわせて、今まで分かっていました遺跡を再検討し新しい意見を述べることが各地で盛んになりつつあります。

三　山岳寺院と瓦塔の遺跡

同じようなことは古代の寺院、とくに平安時代を中心とする寺院についてもいえるのではないかと思います。今までは、平安時代の寺院は七堂伽藍を有する寺院が少なくなって、だんだん、山岳寺院に移り変わっていったといわれてきましたが、実際には平安時代でも低地に、たくさん寺院が建てられています。

それに対して、奈良時代から山寺と称するものがあるということは、文献史料で分かっていました。そして、山寺のことは考古学の例でも、このような例が、注目されてきますと、各地の山の中に造営された寺院の遺跡が、つぎつぎと検出されてきました。九州から東北に至るまで、各地で発見されました。

その名称は、斎藤先生が山林寺院と称されている遺跡です。一般には、山岳寺院・山地寺院ともいわれているものです。このように山の中に造営された寺院に対する名称が混乱していますが、斎藤先生流に言えば、山林寺院です。私は「山林」の伽藍は、仏教流な呼び方ですが、考古では以前から山岳寺院と呼ばれてきましたので「山岳」でもいいではありませんかといったこともあるのですが……。要するに山と平地は、どう違うのかといわれると問題なんですが、しいてそれを表現するとすれば、丘より高い所に営まれた伽藍とも言える施設です。

そのような、山の中、深山幽谷に作られた寺が思ったよりたくさ

山岳寺院のひとつ、東南から見た如意寺（静岡県）跡遠景

んあるということが分かってきました。

それらを調査しますと、そこにいろいろな規範をも形を有する建物があったわけではなくて、地形に応じて任意に作られた寺が多いということが分かってきました。それは平安時代に入っての新しい山岳寺院のあり方を示すものではないかと思います。現在でも継続調査が行なわれていますが、そういう例もあります。

それから、もう一つ、とくに東日本に多いのですが、奈良～平安時代にかけての集落の中から、お堂の跡が出てきました。従来、考えてもいなかったような掘っ建て柱の遺構を検討してみると、どうも、「お堂」であるらしい。すなわち、集落の中に堂を伴う、仏教の堂を伴うものがあるらしい。これについては、『季刊　考古学』八〇号の特集に国士舘大学の須田勉さんに書いていただいたのですが、そのような例が、東国に多いのです。さらに、もう一つ、それらにつけ加えまして、奈良～平安時代の仏教遺物としての瓦塔《がとう》と称する仏塔が東国に多く知られてきました。ごく最近も群馬県赤城町で新しい瓦塔遺跡が調査され話題になっています。

先頃、その地に行ってきましたが、今まで分からなかった瓦塔の造立状況が、かなりはっきり分かる遺跡でした。傾斜面をコの字状に切り、中央に基壇をつくるところを掘り残し、その掘り残したところの上に瓦塔を建てていたらしいということが分かってきました。一〇〇ヵ所近く見つかっているでしょうか、そういう瓦塔建立の実態が次第に明確になってきています。集落遺跡の中から出土した仏教に関係する堂宇《どうう》と並んで、独自な平安時代の仏教文化が東日本の関東から東北南部を中心に形成されていたらしいということが知られてきました。

このような例は、いわゆる文献史学の方々、とくに仏教史学の研究者に対して東国仏教の新しい評価ということの見直しを迫る材料になるのではないかと思います。これなども最近の大きな動向ではないでしょうか。このような例を一つ一つ挙げていきますときりがありませんが、現在、歴史時代で、もっとも発展を遂げている分野というとすれば、それは都市の調査と研究だと思います。

四　中世考古学の成立

古代から近世にかけての都市域の空間を考古学の手法で発掘調査をする傾向が、最近の歴史時代の考古学の大きな特徴であろうと思います。ただ都市の遺跡は、面積が広いものですから、得られた情報というのは少ないと理解できますが、点の資料を面として拡大することによって、新しい都市像を形成できると考えられています。

文献資料が全くない地域の都市像は、考古学の資料がなくては明らかにできないわけです。青森県の例ですが、十三湊《とさみなと》の発掘調査が国立歴史民俗博物館その他で行なわれています。その地域には、かつて、安東氏という豪族がいて、それに伴って大きな集落が形成されたといわれていますが、その実態はよく分からなかったのです。

三十数年以前に、私が歩いたときには、青磁類が採集されることはありましたが、最近の計画的な発掘調査によって、街並み形成が明らかになってきました。このように考古学で掘り出された資料に最初に飛びつき、評価したのは文献史学の研究者です。考古学よりむしろ、文献史学の方が、中でも中世都市の研究者が飛びついて研究を進展させ、まさにその方々を中心にして中世考古学の形成が促がされたといっても過言ではないと思うのです。

そのような動きに対して、考古学の立場として、新しく考古学独自の方法を常に模索し、考古学者は古い時代に限らず、新しい時代までも発言権を獲得しようと努力する、これは当然のことだと思います。そのような中で、中世の考古学的研究成果は最近における歴史考古学の大きな盛り上がりを象徴するのではないかと思います。この度、第九回雄山閣考古学賞を受賞いたしました『図解・中世の遺跡』は、まさに時宜を得た出版であり、また受賞であろうと思います。この本は小野正敏さんを中心とした、たくさんの方々の長年月にわたる努力によって作られた労作です。いわば、日本の中世考古学の実情を提示しているといって過言ではないでしょう。

同じような立場で、近世でも『江戸考古学研究事典』など多くの力作が出版されていますが、このような研究成果が蓄積されてきますと、私などが若い頃、よく体験しました「まだ、歴史時代なんかやってるの？」というような声は、もう出なくなることでしょう。これからは、日本の考古学界の中でも歴史考古学が王道を歩むと勝手に考えています。

旧石器、縄文、弥生、古墳と各時代それぞれ問題がありますが、歴史時代の場合ですと「一足す一は二」の解答が出しやすいものです。研究対象について文献が残っている場合が多いですから、伝統的な考古学をまさに構築していくのが歴史時代です。

遺跡・遺構・異物を文献古記録と対比し、共同研究を重ねていく。このような性格を持って進展していくのが歴史時代の考古学ではないかと思います。時間がきましたので、これで失礼させていただきます。（拍手）

北限の須恵器窯跡群

一九六七（昭四二）年九月、秋元省三氏（元津軽考古学会長）が、鞠ノ沢で発見した須恵器の窯跡は、従来の須恵器窯跡の北限地—日本海側（秋田県雄勝郡）、太平洋側（岩手県水沢市）—を大きく北進せしめることになった。

秋元氏の知見は、同年一〇月の江坂輝弥氏（当時・慶応義塾大学助教授）と村越潔氏（当時弘前大学助教授）の踏査によって確認され、平山久夫氏（北奥古代文化研究会長・五所川原市出身の医師）を通じて私に通報された。

その頃、東北日本の須恵器窯跡の調査を実施していた私は、一九六八（昭四三）年五月一日〜一五日の間、五所川原市教育委員会の主催により鞠ノ沢窯跡の発掘を実施し、合わせて砂田地区の窯跡の調査と分布調査を行った。

その結果、前田野目の鞠ノ沢で一基、砂田で一基の半地下式無階無段構造をもつ須恵器の登窯跡を発掘調査によって検出することに成功した。

発掘の成果は、同年六月の発行の『考古学ジャーナル』二一号巻頭グラフを使って「北限の須恵器窯跡」として紹介した。このグラフ記事によって、五所川原市で須恵器の窯跡が発見されたことが全国に発信されたのである。

発掘資料はすぐに整理され、報告原稿も一気に書き上げて『津軽・前田野目窯跡』と題する報告書が同年12月に刊行した。発掘後、七ヶ月目のことであった。

この報告書の刊行によって、五所川原市で発見された須恵器窯跡の全容が学界に知られるにいたった。

この調査には、江坂・村越・平山氏のほか地主関係者の新谷武氏（当時・五所川原農業高校教諭）なども参加して、地元の研究者間に須恵器の窯跡に対する関心が高まったのである。

北限の須恵器窯跡がどの程度の規模で展開していたのか、それの実態を探究することが次に課せられた課題であった。

そこで、持子沢で採集された資料に基づいて、一九七二（昭四七）年一〇月と一九七三（昭四八）年一〇月の二次にわたって付近の発掘調査を実施し、二基の窯跡を発掘することができた。

このような調査によって五所川原市の須恵器窯は鞠ノ沢・砂田・持子沢の地域にわたって広く分布していることが確認された。

以降、窯跡の探索と調査は、村越氏の指導のもと新谷武

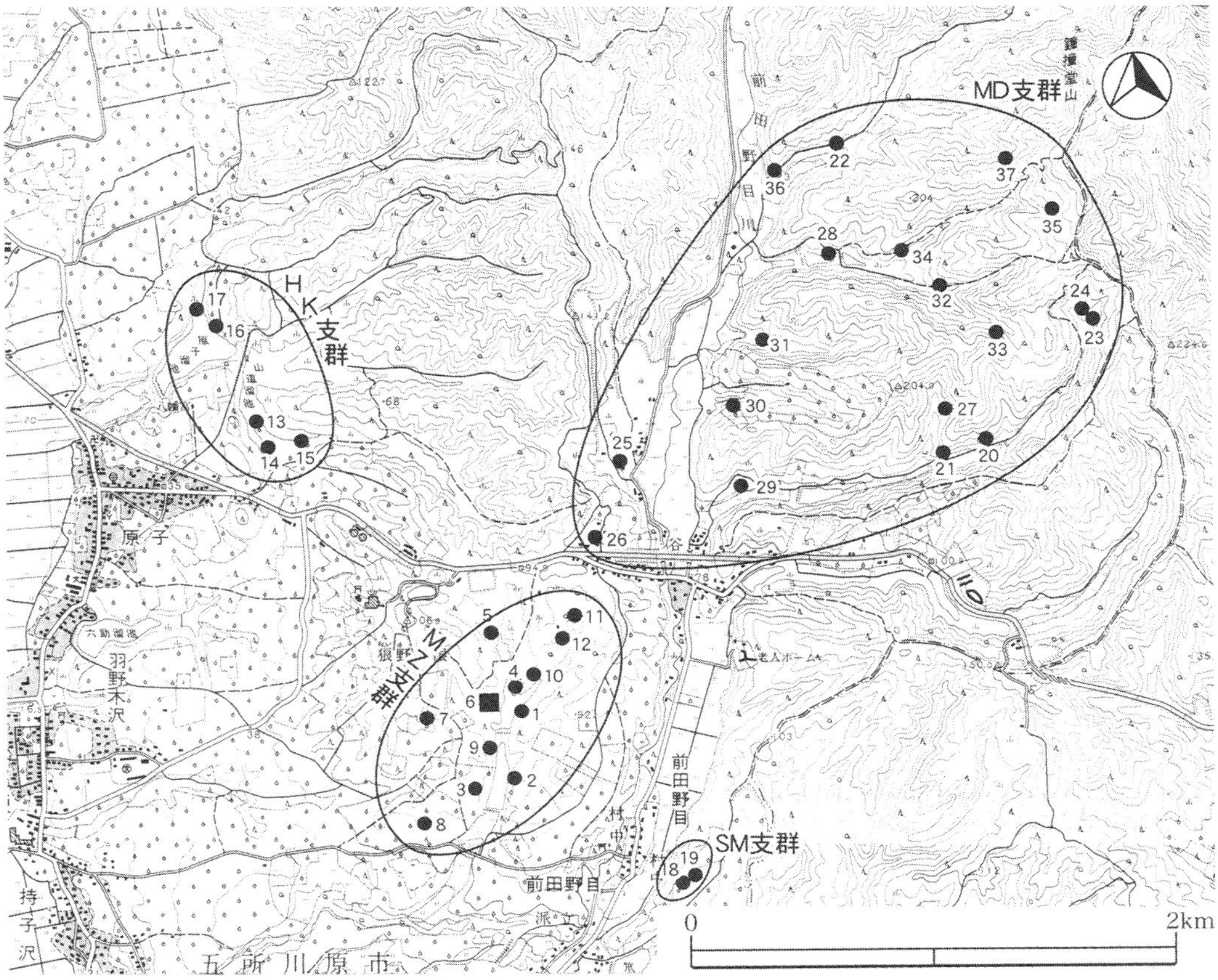

持子沢（MZ）窯跡支群

1	MZ1号窯	持子沢字隠川693
2	MZ2号窯	持子沢字隠川692
3	MZ3号窯	持子沢字隠川629-33
4	MZ4号窯	持子沢字隠川693
5	MZ5号窯	持子沢字隠川695-2
6	MZ6号窯	持子沢字隠川695-4
7	MZ7号窯	羽野木沢字隈無240-24
8	MZ8号窯	持子沢字隠川629-18
9	MZ9号窯	持子沢字隠川696-97
10	MZ10号窯	持子沢字隠川695-4
11	MZ11号窯	持子沢字隠川695-4
12	MZ12号窯	持子沢字隠川695-4

原子（HK）窯跡支群

13	HK1号窯	原子字山元278
14	HK2号窯	原子字山元278
15	HK3号窯	原子字山元278
16	HK4号窯	原子字紅葉279-1
17	HK5号窯	原子字紅葉279-1

桜ヶ峰（SM）窯跡支群

18	SM1号窯	前田野目字桜ヶ峰86-4
19	SM2号窯	前田野目字桜ヶ峰104-1

前田野目（MD）窯跡支群

20	MD1号窯	前田野目字砂田51-67
21	MD2号窯	前田野目字砂田57-124
22	MD3号窯	前田野目山国有林
23	MD4号窯	前田野目字砂田51-64
24	MD5号窯	前田野目字砂田51-64
25	MD6号窯	前田野目字鞠ノ沢48-3
26	MD7号窯	前田野目字犬走55-63
27	MD8号窯	前田野目字砂田57-125
28	MD9号窯	前田野目字野脇93
29	MD10号窯	前田野目字砂田34
30	MD11号窯	前田野目字砂田51-68
31	MD12号窯	前田野目字前田野目山1-11
32	MD13号窯	前田野目字前田野目山1-11
33	MD14号窯	前田野目字前田野目山1-11
34	MD15号窯	前田野目字前田野目山1-2
35	MD16号窯	前田野目字前田野目山1-10
36	MD17号窯	前田野目山国有林142林班そ24小班
37	MD18号窯	前田野目山国有林142林班い2小班

五所川原須恵器窯遺跡位置図
（五所川原市教育委員会原図）

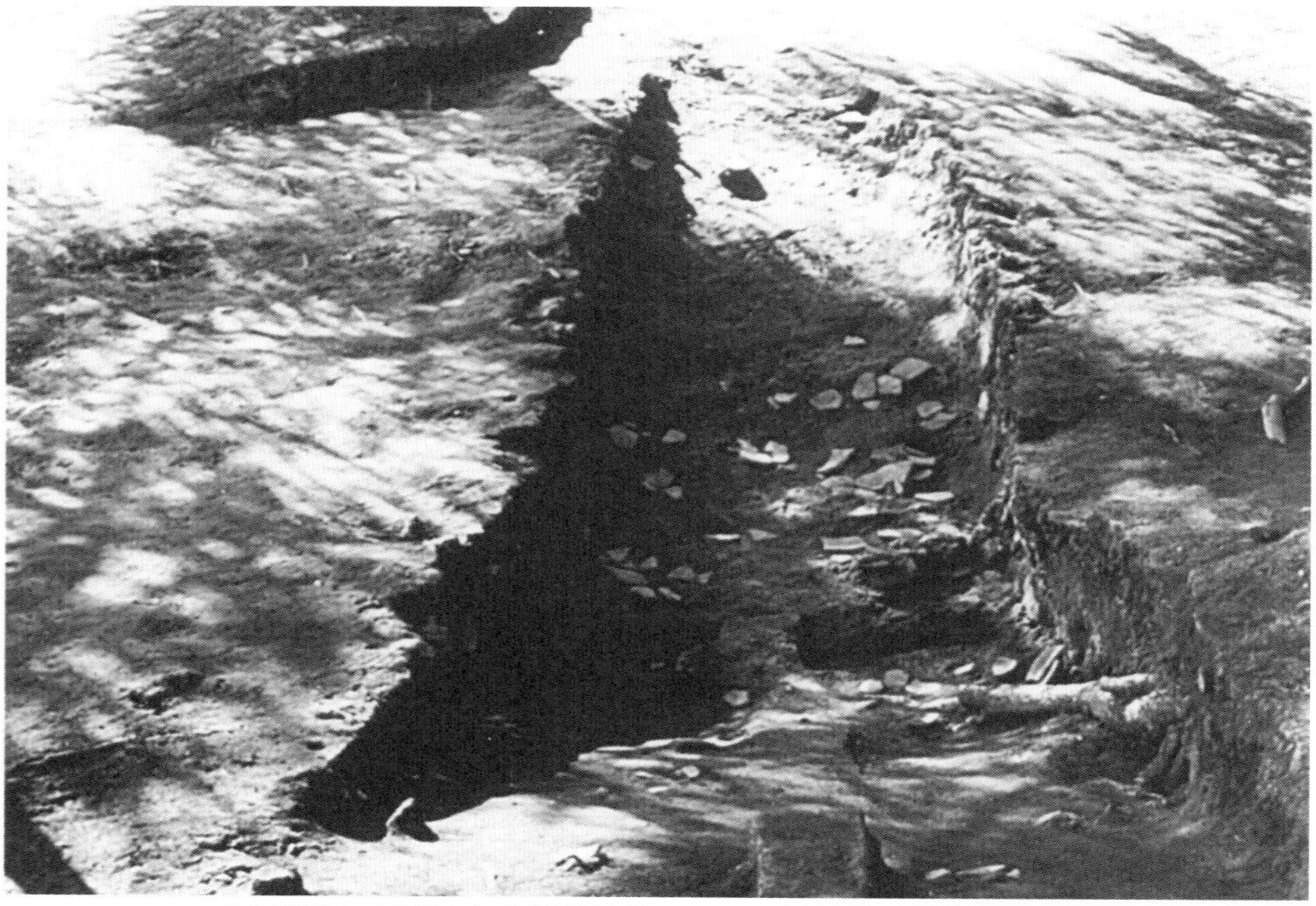

五所川原（青森県）須恵器窯跡 MD 6 号窯の窯体内遺物出土状況

氏を中心として実施されるようになっていった。

鞠ノ沢・砂田に続いて持子沢で発見された窯跡については、発掘（一九七二・一〇、一九七三・一〇）の終了と同時（一九七二・一一、一九七三・一二）に『考古学ジャーナル』（七五号・八九号）に速報し，その概要は『北奥古代文化』誌（五号・六号）に発表した。

調査の当初から問題になっていたのは，窯跡群が何時つくられたのか。その時代をめぐる見解であった。

鞠ノ沢窯跡の発掘直後，文献史料にあらわれている津軽の地の歴史的背景から「平安時代末～鎌倉時代前半」との比定年代も考えられたが、生産された須恵器の形態的観察からすれば平安時代の幅のなかで考えられるものであった。

間接的な文献史料と直接的な物質（考古学）資料の解釈をめぐる問題が，端なくも露呈したのである。

現在，五所川原市の窯跡群は「五所川原須恵器窯跡群」と呼ばれ，平安時代の窯跡として位置付けられている。

このような「北限の須恵器窯跡群」を最初に発掘する幸運にめぐまれた私は，三次にわたる調査の後，機会を得てはその紹介につとめてきた。

一九七一（昭四六）年九月に刊行された『シンポジウム歴史時代の考古学』（坂詰編）と一九七五（昭五〇）年一月に刊行された『北奥の古代文化』（平山久夫編）は、

シンポジウムの次第を収録したもの、『日本考古学年報』（二二・二三・二五・二六）に執筆したのは調査の概要紹介であり、『世界考古学事典』（一九七五・二、一〇四四頁）及び『平安時代史事典』（1994・四、二三四一頁）には、それぞれ「前田野目窯跡」として執筆した。

他方、村越潔・新谷武氏を中心として分布調査が継続され、多くの窯跡の存在が確認されるにいたった。

その成果の一端については、一九九三（平五）年5月に刊行された『五所川原市史』史料編1（福田友之氏執筆）によって周知されることになったが、一九九七（平九）年．前田野目の犬走において発見された窯跡が工藤清泰氏を中心として発掘され、きわめて重要な資料が得られた。この調査を契機として一九九八（平一〇）年に「五所川原市須恵器窯跡群発掘調査整備活用検討委員会」が設置され、村越潔氏などによって本格的な調査と保存活用が検討されるようになった。二〇〇二（平一三）年七月〜八月には持子沢地区における窯跡が藤原弘明氏などによって発掘調査されるとともに分布調査もより進展し、現在、持子沢（M2）12、原子（HK）5、桜ケ峰（SM）2、前田野目（MD）17の37個所の存在が知られるにいたり、今後、さらに増加する傾向にある。

以上のように，かって前田野目窯跡群と称呼されていた北限の須恵器窯跡群は、五所川原窯跡群となり、分布範囲が拡大され，より多くの窯跡の存在が知られるにいたったのである。

そして生産須恵器の分布する地域の南限は、秋田県大館市（米代川流域）から岩手県久慈市（馬渕川流域）にかけてのほぼ北緯四〇度のライン、北は北海道の常呂町から深川市そして小樽市を結ぶほぼ45度のラインであるが、さらに北上し五〇度のラインに到着するかのごとき感がある。

それは擦文土器の分布状態と重なり、五所川原で生産された須恵器は津軽海峡を越えたことは勿論のこと、さらに宗谷海峡を越えるかの状勢を示している。　（坂詰秀一）

［本稿は、二〇〇二年九月一五日の五所川原市中央公民館における講演・「北限の須恵器窯跡を掘る」の要旨をもとに一部を増補したものである。］

歴史時代　海を渡り「国」を越える須恵器

資料出典

『五所川原市埋蔵文化財発掘調査報告書MZ六号窯跡』（二〇〇二年）

『平成七年度　大知波峠廃寺跡シンポジュウム事業報告書』（一九九六年）

日本考古学界に、旧石器発掘捏造問題の激震が走ってから二年半の月日が流れた。波紋は学界を越えて、遺跡指定解除から、教科書変更へと社会的問題にまで広がった。

今ここに、学界の反省と責任を踏まえて、今後の新しい考古学の道を模索する熱い討論が沸きあがる。

坂詰 今日のパネルディスカッションは、限られた時間ではございますが進行係を務めさせていただきます。

今日、お配りしました資料に、パネルディスカッション『日本考古学を語る』が記載されています。最初にこの点についてご説明させていただきます。本日は、できれば時間の関係もございますが、次の四点について、パネリストの先生方のご意見を伺いしたいと思っています。

一番目は、先程、とても禁欲的にお話しになりました小林さんから「前期旧石器の展望」について胸中をお話しいただきたいと思います。この問題は、すでに、皆さんも認識を共有している問題ではないでしょうか。そのような認識に立って、ご参会の皆さんと一緒に考えていきたいと思います。

「前期旧石器」問題は、東日本が中心ということもありますが、東日本の考古学事情にも詳しく、また、日本各地を歩かれていらっしゃる石野さんに、西の方ではどのように、研究者の方たちがこの問題を捉えているのか、お聞かせ願います。

それから、この問題が起きて、ある意味でホッとされている岩

パネルディスカッション

「日本考古学を語る」

捏造問題を乗り越えて

小林《こばやし》 達雄《たつお》 國學院大學教授

石野《いしの》 博信《のぶひろ》 徳島文理大学教授

岩崎《いわさき》 卓也《たくや》 松戸市博物館長

坂詰《さかづめ》 秀一《ひでいち》 立正大学教授（司会）

斎藤《さいとう》 忠《ただし》 大正大学名誉教授（ゲスト）

白石《しらいし》太一郎《たいちろう》 国立歴史民俗博物館教授（受賞者）

崎さんとは妙ないい方ですが、岩崎さんが日本考古学協会の会長をお辞めになった後にこの問題が出てきました。そこで、岩崎さんなりのお考えもあろうかと存じます。フリーの立場で興味深いお話を承われるのではないかと思います。

二番目は、「縄文社会論の今後」とレジュメには書いてあります。この件に関して、この度、第九回、雄山閣考古学賞を受賞されました林謙作さんの著作『縄文社会の考古学』にからめて、縄文社会論の現状と問題について触れて頂ければと思います。

縄文社会論については、ごく最近、国立歴史民俗博物館の春成秀爾さんも『縄文社会論究』という大著をお出しになっているように、縄文時代論が新しい視点から注目を集めているのではないでしょうか。また、先程、小林さんから三内丸山遺跡のケースを例に「人の名前は出さないけども、ちょっと自分としては理解できない」というお話がございました。「どなたとは、申し上げられない」とのご配慮でしたが、イニシャル位はかまわないと思いますので、この問題についてお教えをいただければ大変ありがたいと思いますが……。

最近、小林さんは、イギリス、その他の国に、いらっしゃっていまして、それぞれの地の資料を見聞され、新しい視点から日本の「石造記念物」、あるいはそれに類するものに対して独自の見解を発表されています。この「縄文社会論の今後」では、とくに記念物、縄文社会における石造記念物をめぐる問題に視点を置きながらお話をいただければと思います。

岩崎さん、石野さん、今はそれぞれのご専攻分野の大家でいらっしゃいますが、お二人に共通しているのは縄文研究の著書があるということです。かつて縄文時代の研究を推進されてきたお二人でいらっしゃいますので、いろいろとご意見が伺えるのではないかと期待しています。

それから、三番目は「弥生時代の終末と古墳の起源」です。これは先程、石野さんが図を用いて「方」から「円」の問題についていろいろご意見を述べられました。その時は時間の関係でご意見を伺うことができませんでしたが、石野さんのご意見について、岩崎さんのコメントなどを承われればありがたいと思います。

そして、時間が許せば「考古報道のあり方をめぐって」に触れたいと思います。前期旧石器問題だけではなくて、日本の考古学における報道問題について、常日頃、マスコミ対応をされていらっしゃいますお三人のご意見を述べていただければ、今後の新しい考古学の問題に向かって、皆さん方と共に共有できる認識が得られるのではないでしょうか。

斎藤忠先生は今年、九十五歳とお聞きいたしました。のち程、斎藤先生から総評を承わりたいと期待しながら、パネルディスカッションを始めさせていただきます。よろしくお願いいたします。

一　前期旧石器問題について

坂詰　それでは最初に「前期旧石器の展望」にまいります、ここには「展望」と書いてありますが、「いわゆる前期旧石器問題」について、小林さんから、最近の感懐なりを承わりたいと思います。

小林　先程、さわりをお話しさせていただきました。あの事件が起きた時、今でも、その時の様子を生々しく思い起こすことができます。まず、直感的に「あっ、これは全部駄目だ」と思いました。ところが、一番の関係者たちといいましょうか、身近で一緒にやっていた研究者たちは、全部駄目でしょうと私がいったら、「えっ…、全部ですか?」とかいって、まだその時点では、全て捏造されたとは思っていなかったようです。その時、何人か複数の人に電話でそういう話をしていますので、その皆さんは記憶されているはずです。とにかく、少し異常なくらいに十万年単位で、どんどん古くなっていった頃からの「捏造」です。

しかも、一人の人が調査したわけではなくて、その周りには、ちゃんとした研究者が、ましてや、たくさんの論文を書いている旧石器の専門家がそばにいたにもかかわらずです。ただこれは、「一緒にやっていた」というだけで、考古学はそこが悩ましいところなのですが、発掘の現場に直接携わらないと「そこで、こういうものが、こんなふうに出土した」ということについて、いちいち文句を、かなり疑わしいケースでもない限り、つけられないのですね。さらに、どの研究者も最初から調査自体にケチをつけようとは思っておりません。「ああ、そういうものが、あそこから出たのか」ということから考えを始めようとする、そのような性質を持っています。それが今の日本考古学の現状なのです。そういう意味で、限界が一つありました。そのようなところから一つの問題のほころびが大きく広がったのです。このことを最初に申し上げておきます。

私は「捏造事件」、「事件」という言葉を使いたくはありません。あれは「捏造問題」。あくまで社会的な「問題」であって、ただ単に一人の人が犯した犯罪とは考えておりません。レジュメにも書い

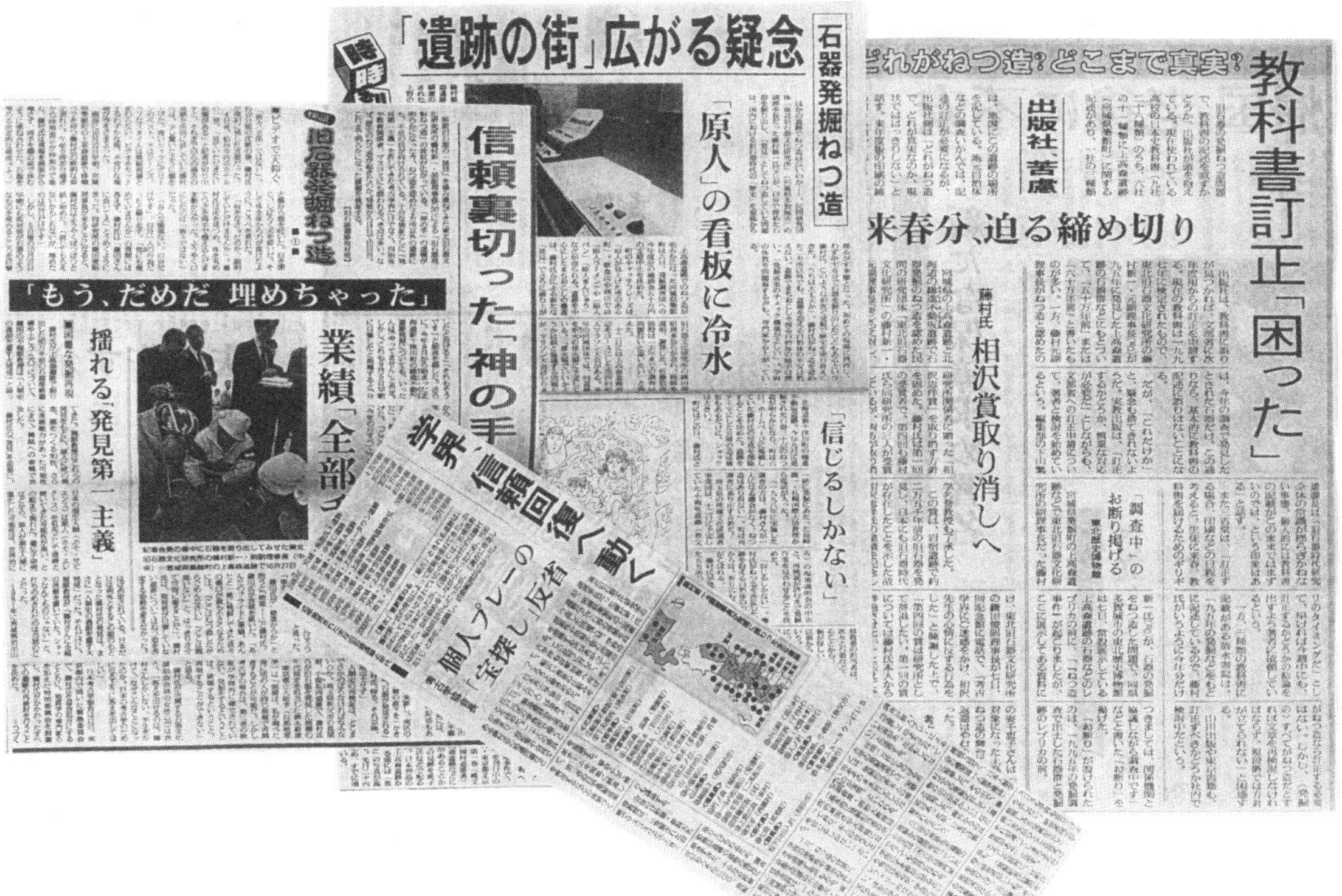

捏造問題は、遺跡指定取り消し、教科書書き換えなど大きな社会問題に拡がった。

ていますが、私は個人ではなく、その周り、あるいは日本考古学界全体の趨勢といいましょうか、全体の動きそのものの中にはらんでいた問題が、知らず知らず膨らみ続け、一人の人物を通じて、ぽろりと転げ出てしまった不幸と思っています。

なお、語るにも涙なくして語れないのですが、張本人の彼は、もうすでに社会的に情け容赦なく、罰せられています。そして現在、病院で加療中ですけれども、それはそれは精神的にも参ってしまっています。マスコミにしても、プライベートな彼の家庭のことまで無神経に取り上げるのは人道的にも問題があるかと思います。実は、彼は奥さんとも離婚せざるを得ないところまで、追い込まれてしまいました。そしてお子さんは、自分のお父さんの発見が、教科書に載っていることで、これまで心中、大変誇らしげに生きてきたものが、一八〇度暗転し、さらには、その名前だけで、いじめられるという事態さえも起こっています。

このような事態を知ってか知らでか、いまだに世の中は、事件のすべての根源は、「彼」という論調一色であることについて、疑問を感じます。

私は、最初から—実は朝日新聞にコメントを求められた時から—終始一貫して「個人の問題に帰して済まされるものではないでしょう」と申し上げ続けてきました。

なぜなら、先程、触れましたように、考古学そのものが、研究をきちんとすることをなおざりにして、具体的にいえば、基本を怠り、まともな報告書を作らないで二十年間もの間、研究者のトップクラスにいる人たちが、ただひたすら掘り続けてきました。

十万年単位で歴史が古くなるということは、世界的な人類史の中で、日本列島を舞台にして、どういう位置にあるかと考える時に、とても重大な問題です。それほど重大な問題をかかえているのに、きちんと石器の分析もしないで、ただ、古い遺物、古い遺物といって、年代を溯る目的だけで掘りまくってきたといって過言ではありません。

これはFさんが一人だけでやれることではないのです。彼はアマチュアですから、その周りで支えてきた人たち、つまり一緒にやってきた人たちも大きな責任があることを自覚しないといけないのではないでしょうか。それなのに、「彼の巧妙な手口に、すっかりだまされてしまった」あるいは「彼はとても計画的だった。だから、見破ることができなかった」と。さらに「それを見破る力がなかったことは、大いに反省しているが、私に責任はない」といって、それ以上の自覚（反省）を欠いています。ちょうど、キリストが十字架に架けられた時のように……。キリストは一人、人類すべての罪を背負って、十字架に架けられたわけです。しかし、キリストが十字架に架かっても、この世に罪は絶えてはいない。そういう簡単なものではないということです。しかし、その場では、そうやってだれかを血祭りにしないと気が済まないというような蛮行がまかり通ってきているのですね。その点を、私は警告をしたかったというのが一つであります。

なお、一九七六年頃から本格的に発掘調査が始められ、当時、注目を集めた宮城県の座散乱木《ざざらぎ》遺跡というのがあります。これはたちまち巷の注目を集めて、そして国の史跡に指定されました。それは大きく社会的にも話題となりました。遺跡は公的に、しかも文化庁が先頭に立って権威づけられたというような……、結果的にはそういうかたちになったものですから、教科書会社等は遅れてはならじとばかりに最新情報をどんどん教科書に載せるようになる。また、新しい新設の博物館では、展示する年表の上で、まずその遺跡を最初に持ってくるということが、ずっと、続いてきたわけです。

さらに、文化庁が始めた国内における一年間の発掘出土品の中から注目すべきものを網羅し、全国を巡回する「考古速報展」においても、年々、毎回十万年づつ古さを更新していくものが、まず、先頭の目玉として展示されるようになりました。こうやって世間一般の方にあっという間に周知されてしまった。だから、今、私どもの耳に入ってくるのは、「旧石器は全部駄目なのでしょうか」というような疑問が出てきている状況にあります。

先程も申しました通り、三万年から後の方の、いわゆる後期旧石器時代に相当するものについては、全くそういう疑惑は一つもありません。そして、つけ加えるならば、立派な研究がなされています。後期旧石器時代には、大陸側とは別の、日本列島独自のナイフ形石器を持つ個性的な文化が、すでに成立していました。今回の問題も研究者たちは、それ以前に溯る先遺隊を探そう探そうとする余り、ついつい泥沼に落ち込んでしまったというのが実情でしょう。

勿論、三万年より前の旧石器時代人が先遺隊として、日本列島に存在していたという証拠はちゃんとあります。例を上げると、岩手県、金取《かなとり》遺跡。これは確実です。私は現場で調査員の菊池強一氏から説明を受け、層位的にも確認しています。一方、最近話題になっている長野県の竹佐中原《たけさなかはら》遺跡もその候補の一つになるでしょう。

ですから、三万年より前のいわゆる前期・中期旧石器に相当するものが皆無であるということではありません。これから、もう一

文化庁は、１年間の注目する発掘出土品を「考古速報展」として巡回を行なっている。

度仕切り直しをして、大事なものを見つけ、研究を進めていかなければならないと思っています。

それと、もう一つ。皆さん私の友人、知人についてです。そういう人たちにいいおよぶのは、少し心苦しく、心中穏やかではないのですが、しかし、いわないで済ませば、私の良心としても、もっとかなわぬことですので、あえて申します。

先程、人類史全体の中からみても、極めて重要な遺跡で、そこから発掘された石器はそれなりに研究上、重要であるがゆえに、もっともっと石器自体の研究・分析をしなければいけなかったのに、なされず、そして問題が起こって、あわてて検証すると、これもおかしい、あれもおかしい、たちまち全部おかしいとなってしまったと申し上げました。

一番、それら石器を直接的に見ることができて、研究すべき研究者たち、私は、彼らを第一次関係研究者と呼んでいます、そういう第一次関係研究者が、発見された石器の徹底的な分析を抜きにして、ただただ先へ先へと、つまり、古さを求めて突き進むことだけを目的としてきたということが、大きな問題だと思っています。その辺りを少しも問題にせず、ただ一人の人が捏造した事実のみを社会的大事件として取り上げるだけでは済まされないはずです。これは、日本の考古学界がそういうことを許してきた現実について、私自身も勿論のこと、大いに反省しなくてはなりません。

「あなたは、どうですか」といわれると、私にも大いに責任があるでしょう。ここは、はっきりさせなければいけません。私自身は代表的な第二次関係研究者と自認しています。ですから積極的に、このことを公言してきたのです。しかし、私の立場は現場で発掘調査したわけではなく、調査の進行を考古学的な眼で見守ることの埒外にあった。それから、出土した石器について拝見することはできましたが、詳しく観察する機会にも恵まれませんでした。

そういうところが、考古学の非常に難しいところで、それをある一部の人は「閉鎖性」という一言で片づけようとしますけれども、閉鎖性というわけでもないのですね。第一次的に関与した研究者が責任を持って、一定の検討を進めるというのは、当り前のことで、同じレベルで第三者が関わることはできないのです。やはり、こうした考古学自体が持っている性格が欠点として、結果的に現われてしまったということではないかと思います。

そして、先程も触れましたが……、これは石野さんにご意見をいただきたいのですが、私は古さを求めて、どんどん発掘することと、それから、畿内《きない》で次から次へと大古墳を、あるいは研究上重要と思われる古墳をどんどん発掘することと、一体どこが違うのだろうかと。共通するところがあるのではないでしょうか、ゆえにそうした問題について真剣に考えるべき、まさにその時が今、到来しているのではないかと、少し思っていたところです。

坂詰　どうもありがとうございます。かなり、普段はいい難いことまで、はっきりおっしゃってくださいました。この問題については、二〇〇〇年十一月五日に「毎日新聞」が報道してから一挙に日本全国を駆け巡りました。

次の年の春、所用がありまして京都へ行きました。そこで、ある古本屋さんに入りましたら、前期旧石器のシンポジウムの「予稿集」、その他雑誌の『旧石器考古学』などが一括して積んでありました。そこで、それらを手にとって見ていたら、「お求めになりますか？」とお店の人から声が、かかりました。私は「これだけ一括して、旧石器のものがそろっているから欲しい気もするけど、それにしても、どうやって手に入れたのですか」と聞きましたら、お店の人は「昨年の暮れに大学生らしい若者がこれを一括して持ってきて、『お金はいくらでもかまわないから』といって本を置いていった」というのですね。

勿論、それは個人的なことですが、本を置いていった人は、京都在住で恐らくお店の人の推察通り大学生だと思うのです。新聞の報道をみて、「前期旧石器」の勉強が嫌になったのではないか、とも思われる体験でした。

それを見聞いたしましたので、京都在住の人と話をしましたら、「あまり旧石器について私たちは関係していないし、直接関心もなかったのです」ということでした。

ところが、ほかにも何人かの方に話を伺いますと、やはり、西日本の方々も「この問題は対岸の火ではない、自分たちの問題でもある」と真剣にこの問題について討議されていたことを記憶しています。情報通でいらっしゃる石野さんに、この問題について一言お話をお願いしたいと思います。

石野　奈良県香芝市に二上山博物館という博物館があります。こちらは旧器の専門館でして、私は、そこに係わっています。ですから、この問題に関して全く無関係というわけでもありません。しかし、この問題について、今まで全く発言していませんでした。公の場で、何か自分の意見を述べるのは今が初めてです。別に避けていたわけではなくて……、やっぱり、悩ましい問題ということです。

私は、出身が宮城県です。専門が違いますので、前期旧石器について、

遺跡の取り消しは、村おこし運動にまで水を掛けるようになってしまった。

活字では、一度も引用したことはありません。しかし、大学での講義では、「考古学概論」とかで、まず研究の歴史から講義に入って、そのあとは時代別に旧石器時代からずっと行くわけですが、その時に開口一番、「わがふるさとは日本列島のあけぼののなんだ」ということを数年、ずっといい続けていました。だから、問題が起こった時には「すまん。あれはうそやった」と学生に謝りました。本当、悔しかったです。

その時は、私は、あくまで被害者であり、「あの野郎……」という感情が先にありました。「何で、わしが、学生に謝らなぁ、いかんねん」という気持ちでした。しかし考えてみれば当然私も、加害者でもあるわけです。同じ考古学で、飯食っているわけですから。

私の経験を一つ、お聞きください。普通、遺跡からが出てきたものの時期をきめる場合、例えば、出土した地層の位置が、弥生時代の土層であれば、そこから出てきたものは弥生時代か、もしくはそれより古いものと予測します。それから、型式学というモノの型式変化による編年という手法から、出土したものとものを比較して、古い、新しいといった順番を見極めます。そして、この二つの方法をかみ合わせて、出土遺物の相対年代を考えます。それに関連してのお話です。神戸市荒神山遺跡での出来事です。

荒神山遺跡がある丘陵平坦地の斜面に近い地層に、明らかに弥生時代の土器しか確認されない、厚さが五〇センチ位の層位がありました。そこから直径五〇センチ位の鉄製の円盤が出てきたのです。その鉄の円盤は、平面形は丸で、鏡もちみたいに真ん中が膨らんでいました。そのような鉄の塊でした。勿論、普通に考えると、そんなものは弥生時代にありません。

ただ、その鉄塊は、発掘トレンチの壁に引っ掛かっておりまして、層位が明らかに分かりました。それで、関係者全員で、上から掘り込んだ穴がきっとあるに違いないと地層の断面を何遍も何遍も削ってみました。ところが、誰が見ても上から掘り込んだ穴が見つからないのです。しかし、弥生にこんなものは存在しない。かといって、捨てて帰るわけにもいかないということで、結局、事務所に持って帰りました。

そうしたら、年配の人に、「おまえ、何、持って帰ったんやぁー」と。「これは、焼夷弾の笠や」といわれました（笑）。そういわれてもすぐには、納得いかなかったので、また現場へ戻って鉄塊が出土した場所をじっと見てみて、やっと分かりました。それは、きっと、山の斜面の横から、突き刺さるように弥生の土層に入ってきたということです。だから、上から掘った穴が何もないはずです。「焼夷弾の笠」だと私が知っていれば、もしかしたら、斜面から入ってきたかと思って、そっちのほうに溝を掘って、確認したかもしれません。しかし、残念ながらその知識はありませんでしたから、本当に

持って帰ったということは、「もしかしたら弥生の……」という気があったからかもしれません。いや、全く例がないけれども、もしかしたらこれが弥生時代に存在していたかも、という気がハッキリあったので、持って帰ったと今になれば思います。私は、層位学と型式学といった二つの時期を考えるための基準を比較検討する場合、どちらかといえば、その層位から出たものは古い、そして、それはその時期のものだというような層位学による判定を重く見る立場です。

ですから、よく学生たちにもいっています。弥生時代の土器が縄文時代の土器の下から出てきたら、縄文より弥生の方が古いかもしれないと一度は、疑ってみようと教えています。疑って、いろいろ検討して、駄目なら駄目になるだろうと。だから、最初から、何事もペケだとは思わないことだというようにです。

そういう点では、私は、もし、Fさんが奈良で旧石器の遺跡の調査に参加していたとして、「石器を発見しました」となれば、きっと、ころりと騙され、信じていたと思います、「この層位から出た」と。今回の問題が明らかになった時に、二上山博物館の旧石器専門の人間に、思わず八つ当たりしてしまいました。「旧石器の専門家だと口では、いいながら、そんな、何十万年前の石器と、三万年前か二万年前の石器の区別もできないのか。よくそれで専門家面しているなぁー」と。その思いは今でも少しあります。

しかし、これには、あくまで私自身が旧石器の専門ではないから、私は知らなくとも当然であるとでもいうみたいに白々しい言い草だと思います。なぜ、分からなかったのだろうという、それが、これから一番大事なことだと思います。

坂詰　ありがとうございました。岩崎さん、いかがでしょうか。

岩崎　あんまりお話しすることもないのですが、先程、坂詰さんがいわれたように、私は、その問題が起きる半年前まで日本考古学協会の会長をやっておりました。半年後、その出来事に直面した時の私は、周りには申し訳ないのですけど、本当に、「ああ、よかった」その一言に尽きる思いでした（笑）。だけど、そうは問屋が卸さなくて、私の身辺にもだんだんいろいろな問題が出てきました。

私の知人で、今は旧石器時代研究の専門家の一人としてよく名前が挙げられている人から、私は、だいぶ以前より「今の前期旧石

器の編年は、おかしい。二年以内に必ず引っくり返るから。絶対に信用してはいけません」と警告されていましたので、やはりそうだったのか、と呟く以上に、あえて深入りはしませんでした。

ところが、私は一方で、学習参考書や教科書の編集を少々手伝っておりました。知人の意見もあったので、編年表に上高森遺跡を加えるかどうか、もめていました。十一月といえば、学習書関連の校正が、ぎりぎりのところに来ているわけです。私は、「これは問題があるかもしれないので、出さないですむなら、遺跡の名を伏せておき、様子をみよう」と、待ってもらったところでした。いきりたった編集者からは「もう間に合いません。とにかく新しいデータを入れましょう。先生の情報は古いのではないですか」とさえいわれてしまいました。私は、その時に、一方で知人から「絶対に信用してはいけません」といわれていましたけれども、学界・出版会全体の趨勢がそうだったら、これはもう仕方がないと思って、OKを出してしまいました。

ところが、その直後にあの問題が出てきたのです。そのために不幸中の幸いといいますか、私の係わっていた所は、印刷のやり直しなどないままに、すんなり終了することができたのです。すると今度は、編集者から「ああ、よかったですね、遅れて」とねぎらわれました（笑）。そういうことで、私も非常にいいかげんなところを行ったり来たりするような思いです。

私自身への唯一の釈明は、学生時代から耳にしてきた「層位は型式に優先する」との先輩のお言葉でした。これはマスコミの問題を含めて、当時、いろいろと考えなければいけなかったことだったと反省している次第です。以上です。

石野　あと、先程、小林さんは奈良の古墳発掘のことを、話しておられましたが、これは考古学と報道の問題でもあると思いますので、その時にまたお話しできればと思います。

坂詰　どうもありがとうございました。お三人の先生から率直なお話をいただきました。なかなか普段は聞くことのできないお話ではないかと思います。この件については、先程、小林さんが「社会問題」とおっしゃいました。私も確かにその通りだと思います。歴史教科書を出している大手出版社の社長と編集長が、この問題について、「考古学のおかげで千万単位の損害を受けた」という発言がありましたが、やはり教科書にたずさわる現場の方々の間からもいろいろな問題が起きていると思います。

これはやはり、大きな社会問題だろうと思います。今回こういう問題が起きたのは、日本の考古学界の体質にも関係があるのではないか、とのお話もありましたが、お三人の発言を踏まえまして、この問題について、小林さん、展望をお願いします。

小林　「社会問題」になったのですね。それで一方では、日本考古学界の問題でもあるということです。それを、きちんと受け止めなければいけない。確かに犯罪的行為ですが、事件を犯した一人にこの問題をかぶせて、そして「われわれは被害者だった」というようなことは口が裂けても、とくに第一次関係研究者はいうべきではないし、また、いってはならない。そう認識すべきです。ついこの間も、こういう発言を耳にしています「私の青春時代で、それも一番脂が乗っている時期の二十年間、この問題で振り回されてしまった」。この言い草には、全然、反省の色が微塵もない。

それから、石野さんに大変手厳しい点を指摘されました。つまり、

「石器を見て、そんなことも、分からなかったのか？」ということです。正直にいって、今、よく見てみると、私にも一目瞭然分かります。つまり、それらをずっと二十年間やってきた研究者たちが、毎年次々と発見された石器群をじっくり観察し、比較検討していれば直ちに分かっていたことなのです。

私は、たまたま埼玉県、秩父の前期旧石器関係の検討委員会における座長をやらされまして、その時に、それら問題の石器を一堂に集めて全部見させていただきました。そうしたところ、時代が十万年単位で違うのに全部使っている材料の石質が同じ、しかも外見上の質（風化の度合い）が全く同じでした。要するに、傷み方も同じです。これは、もう一目瞭然でした。そして私は、もう一つ一つ丁寧に観察する、そんなことは無駄だとばかりに、私自身は細かい観察を放棄したくらいです。

そういう意味で、旧石器の専門家たちがそれを見逃したという反省会を、一つ、やってもらいたいと思っていますが、今のところ、そういう声は、どこからも出ておりません。いかに発掘の時、彼にだまされてしまったとか、自分の力がおよばなかったというコメントを付け足りとしていますが、しかし、付け足りは、あくまで付け足りであって、むしろ、そっちの方を全面に出さなければなりません。

ただ、蛇足ながら、もう一言、つけ加えると皆さん、よくお分かりいただけるでしょう。犯罪的行為をやった人はアマチュアの方です。一緒にやっていた人はプロの研究者で二十年間、彼と調査につき合ってきました。そのアマチュアを代わりに一寸、中学二年生と置き換えてみてください。つまり、中学二年生が持ち込んできた石器を鵜のみにして二十年間ずっとやってきたプロ、少し考え方といいましょうか、見る角度を違えれば、どこに責任があるのか、はっきりします。その責任は、ほとんど語られておりません。

さて、私は、岩崎さんが退いた後、日本考古学協会の会長になりました。というのは冗談ですが、前期旧石器問題の特別検討委員会の副委員長を任ぜられました。その時の委員長は戸沢充則さんだったのですが、この問題のためにみるみる体調を崩されてしまいました。それほど一所懸命、戸沢さんは取り組んでいたのです。

私は、幸いにして、少し太っておりますので、多少のことは大体その辺でカバーできたわけです。ついに戸沢さんが降板されて、そして、「じゃあ、次は」となったら、「太っているおまえだろ」っていうことでもないでしょうが、今、私がその委員長をさせられていて、実は、来年の五月に最終的な委員会としての見解を出すべく、準備を進めています。その時には、今申しましたような、従来の見方とは別の考えも加えながら、責任の所在みたいなものについても私は触れるつもりです。これは一つ予告として申し上げます。

それから、もう一つ。文化庁は、座散乱木遺跡をすばやく指定しましたこともあってか、率先して、この問題の検討委員会を設けました。私も入っています。その委員会で去る十月十日に、座散乱木遺跡は、史跡に指定される根拠がないと結論を出したことは、各新聞などの報道通りです。そして、この後は、まだ、はっきり歯切れ良く発言できませんので、少しぼかして申しますが、いずれ解除の方向に向かって行政的・事務的な手続きが取られるというところまで来ています。国の史跡指定も一応、解除して、とにかくきれいさっぱり疑問があるものは清算されるだろうということ、これが二点目です。

三点目は、それでは旧石器の研究は、今後、どうなるのかと聞かれれば、先程申しましたように、ナウマン象やオオツノジカが群れをなして日本列島をあちこちのしのし歩いていた頃、あんな図体の大きいやつがいるのですから、やはり、その尻を追って大陸からやってきた人間が存在していた可能性はあるということで、昔から旧石器時代は取り上げられてきましたし、その仮説の蓋然性は極めて高いことは確かです。少なくとも、ナウマン象やオオツノジカが群れをなしていた時代に大陸からやってきた先遣隊はいただろうと考えられます。

非常に数は限られるけれども、三万年よりも前の、先程例にあげた、確実な旧石器時代の遺跡を手掛かりとして、日本列島における最古の旧石器の探求は続けられる。そして、その展望はまさにすぐ近くにある。どのくらい時間がかかるか分かりません。私が死んだ後かもしれません。しかし、ちゃんと見えはじめている。かすかに。それだけは申し上げておきたいと思います。

最後に一つ、申します。日本の旧石器は今回、たまたま、いろんな不幸なことが重なってしまいました。人間がやることですので、ついつい、それが一つじゃなくて二つ、三つと様々な動機だとか、あるいは、世間一般のいわば、外野の皆さんが大いに新しい考古学的情報を期待している。つまり、皆さんも一役買っているのです。今ここに、話を聞きに来る位に関心を持っておいでなのですね。これはちょうど、ツバメの巣の雛が、エサが欲しい、欲しいと鳴いているみたいなものです。そうすると、気のいい人は、とくに気のいい人は、早くエサを与えようと思ってしまった気のいい人がいたのですね。人間は誰しも弱いところを持っていて、今回、その弱り目がたたり目になってしまった。そういうわけで、これからは自戒しながら進まなければいけません。

しかし、自ら注意し、自戒しているだけで、それで良いか?といえば、それだけでは済みません。つまり、このような問題は世界的にみても決して少なくないものです。捏造問題は考古学だけではありません。古生物学、化石の世界にもあるのです。人類化石の問題もありますが、本当に、動物化石にも、ものすごく有名なエピソードがあります。また、パターンは違いますけれども、ほかにも、少しでもすきがあると、その中から芽生えてくる困りものを全て払拭はできない。それが現実であることを承知しなければならないのです。大体、人間のすることですから。全く、人間っていうのは、どうも神様が作った中で最も不完全で失敗作の創造物だと思うのですね。

坂詰　小林さんから、最近考えておられることを率直にお話しいただきました。この点については、斎藤先生が『季刊　考古学』八〇号の中で、また、本日お配りしている「総論」の中で、「この問題は、日本の考古学界に対する頂門の一針であるというふうに理解する」とお考えを述べていらっしゃいました。

旧石器問題に関して、とくに考古学研究におけるアマチュアの問題については小林さんいかがでしょうか。簡単にお願いします。

小林　アマチュアだからさげすむというか、低く見るということではなくて、ケース・バイ・ケースです。こういう場合で、まさにアマチュア的な立場でおられる方、それから、大学の研究者あるいは関係者、それから博物館だとか研究所の関係者だけがプロで、そうじゃない人は、皆、アマチュアであるという意味で私はお話ししたのではありません。

坂詰　小林さんの意図されたところがこれで充分、ご理解いただけたのではないかと思います。この問題については、まだまだ論じなければならないことがございますが、時間の都合もありますので、一応、以上で切り上げさせていただいて、時間があればのち程、四番目「考古報道の問題」のところで少し触れていただくことにしたいと思います。

二　縄文文化のイメージ

坂詰　次の二番目に移らせていただきます。先程、触れたように、縄文時代の問題には、多くの問題が出てきていることが指摘されました。とくに、縄文時代を把握する場合に、「縄文文明」というような概念で縄文時代を把握する動きもあるという点についてご意見を承わったわけですが、これについて広い視野、世界史的な視野からこの問題に対してのご発言をお願いできればと考えます。この問題については小林さんからお触れいただき、併せて、日本の縄文文化の特色を示す石造記念物の問題に関連して、縄文人の思惟を巡ることについて一つ整理していただければ幸いです。

小林　文化と文明という表現は、ぴたっと定義して区別できない部分、重なる部分があります。それから、日常的会話の中で文化と文明を区別しないで使う場合もあります。その辺りは充分、ご理解ください。一方、学問、研究として文化・文明ということに取り組むとすれば、その時にはきちんと文化とは何か、文明とは何かという、その研究者なりのある程度の概念規定、枠組みを持つ必要があるだろうと思います。

そういった意味で、一言で申しますと、文明とは技術的な面というものが、要素が、非常に強い。だから、技術と技術の複合体といいましょうか、それらの組み合わせです、そして技術の複合体は右肩上がりにずっと発展して行くのです。これが文明の特徴といえると思います。良いか悪いかは評価の問題ですから次元が違います。つまり、文明とはそういうものであります。

一方、文化とは、ある土地と結びついて、様々な技術も含みながら、そして風俗・習慣といった技術的な面では、右肩上がりに、要するに、開発・発展とは全く関係ない部分の要素を含みながら、全体からいうと、雰囲気みたいなもの、もしくはムードとでもいいましょうか、たたずまい的なもの、それが文化といえましょう。だから、文化は、どこの文化が高くて、どこの文化が低いと論じることはできません。文明の場合、高低比較を論じようと思えば、ある見方とか評価の基準を定めることによって可能になると思います。文化と文明についてはそのように思います。

だから、先程、触れたように、軽率に縄文文化に対して「文明」という表現を使い、しかも、調子に乗って、それが世界の四大文明に匹敵するかどうかを論じたということになると、縄文は弥生よりも上になってしまうわけです。それだけでなく、古墳時代よりも縄文の方が世界の四大文明に肩を並べているっていうことにもなりますから、いくらなんでも、そうはいかない。このことについては、もうやめておきましょう。

では、縄文とは一体、何かといいますと、それについて枠組みを

秋田県の大湯遺跡。大湯環状列石全景（手前が万座、後方が野中堂）。提供 鹿角市教育委員会

もう少し申したいと思います。今日、冒頭にお話しさせていただきましたように、人類文化の第二段階の文化。これが縄文であります。日本列島においては縄文文化です。それがいわば、西アジアの新石器革命、農業革命に対応するものなのです。

その革命の中身とは、定住的なムラを作るということです。はじめて定住的なムラを作る前、人類はゴリラやチンパンジー等の類人猿と同じように動き回っていました。ゴリラは、昨晩、寝た巣が五〇メートル程の近くにあっても、そこには戻らないで、毎晩、新たな巣を作るのです。それが習い性です。ところが、ムラを作れば必ずそこに戻ってくるものです。これがムラというものです。

そして、ムラになると、非常に重要な点は、それまで人類、ヒト、旧石器人は自然的秩序の中の一要素だったのです。極端にいえば、独立していなかったのです。それが、自然的秩序から離れ、自分のため、自分の都合のいい、自分の空間を確保するのです。これが第二段階の重要な人類史上の意義です。つまり、自然の中の一要素として自然的秩序の一員であった所を飛び出します。分離独立しながら。勿論、大地の上を歩き回っているわけですから、ぴたっと自然とは、「もうおまえとは縁がなくなった」とはいきませんが、自分の場を確保して、ムラを営むようになりました。これによって、今度は、人間的秩序を新たに作り出さねばならなくなった。それが、人間的社会を形成していきます。縄文的社会です。

そして、一方、地球上のどこかでは、例えば西アジアでは西アジア的社会と人間的秩序を作っていく。こういう足どりを辿るわけです。一方、ムラというのは情報が蓄積される所です。食べ物だけを貯蔵している所ではなくて、情報が蓄積され、まさに文化センターになっていきます。そうやって、文化センターに、図書館ができたみたいなものですね。普段、私たちは何か知りたかったら図書館に行けばいいわけですが、ムラの形成により図書館を一つ備えるのと同じになったわけです。さらに、その図書館にどんどん情報が詰まっていく。その管理運営を執り行なう司書がムラの古老たちなのです。縄文文化は、文明のように右肩上がりに発展してきたわけではありません。けれども、縄文文化は、文化としての充実度を高めていったのです。縄文的文化らしさとしての主体性を、ますます強めていくのが縄文一万年の歴史なのです。

その時に、自然的秩序から分かれ、ムラの中に根拠地を置いて、その周りを見るようになるのです。その前までは、ムラの中に猿やチンパンジー、あるいは鹿やイノシシと同じような、分かりやすくするために、あえて極端に、いうわけですが、動物たちと空間を対等に共有し、ほぼ同じような生活スタイルだったものが、今度は、その空間から離脱して、他の動物たちからは距離を置いて彼らを対象化し、周囲の動きを定点観測するようになった。それによって、自然に対する生態学的な知識がさらに増大していくという、相乗効果をもたらしてくれたのです。

その際に、自然を対象化することによって、「俺たちは自然とは別物である」。つまり、鹿やイノシシとは違うと。それまでは鹿やイノシシとの違いはたいしてなかったのです。しかし、ようやく自分が確保した場所の中で、鹿やイノシシとは別の個有の生活舞台を持つことによって、その他の動物とは違う、植物とも違うという具体的な事実によって、私は縄文人が、縄文人的「人間」としての意識を持つようになったという一つの図式を思い描いています。

岡本太郎がよくいっていたことですが、「対極化」といいますか、彼は、ものを対極に置くことによって、自分の個がはっきりしてくるというのですね。そういう意味合いで、縄文人は自らを自然と対極に置くことができたというわけです。そうすると、人間は、だんだんほかの自然とは、別モノだぞということになって、その後は、ますます人間的秩序というものが必要とされ、そのかたち作りの方向にエネルギーを注ぐようになったというのが道筋です。

そのような中で、記念物というものを作ったことは、これはとても象徴的な出来事です。つまり、記念物は目立ちます、そして、大規模です。だから、時間と人手がものすごくかかります。それだけ時間と人手がかかるにもかかわらず、何の腹の足しにもなりません。しかし、ストーンサークルだとか、丸山の六本柱のように、一メートルもあるような大木を石斧で切り倒してきて、太い枝が出ているのも切り払って、諏訪神社の御柱みたいなものをずどーんと立てるわけですね。

これを立てて、そして、それが何かといえば、時間もございますので、詳しくお話しできませんが、この点については、さきの八〇号に太田原潤さんに分担してもらいました。いわば、記念物は彼らの世界観みたいなものをかたち化したものなのです。

例えば、世界観というのを口頭でお話ししようとすると、私はこういうことを考えているとか、私の哲学がこうだとか、なかなか、うまく端的に表現できません。ましてや、ようやく絞り出し、ひねり出した表現でしゃべっても皆さんに伝えたいと思った内容が、そのまま受け止めてもらえるとは限らないのですね。私の先程の話にもいろいろきわどい話がありました、私の発言を、そのまま強調し

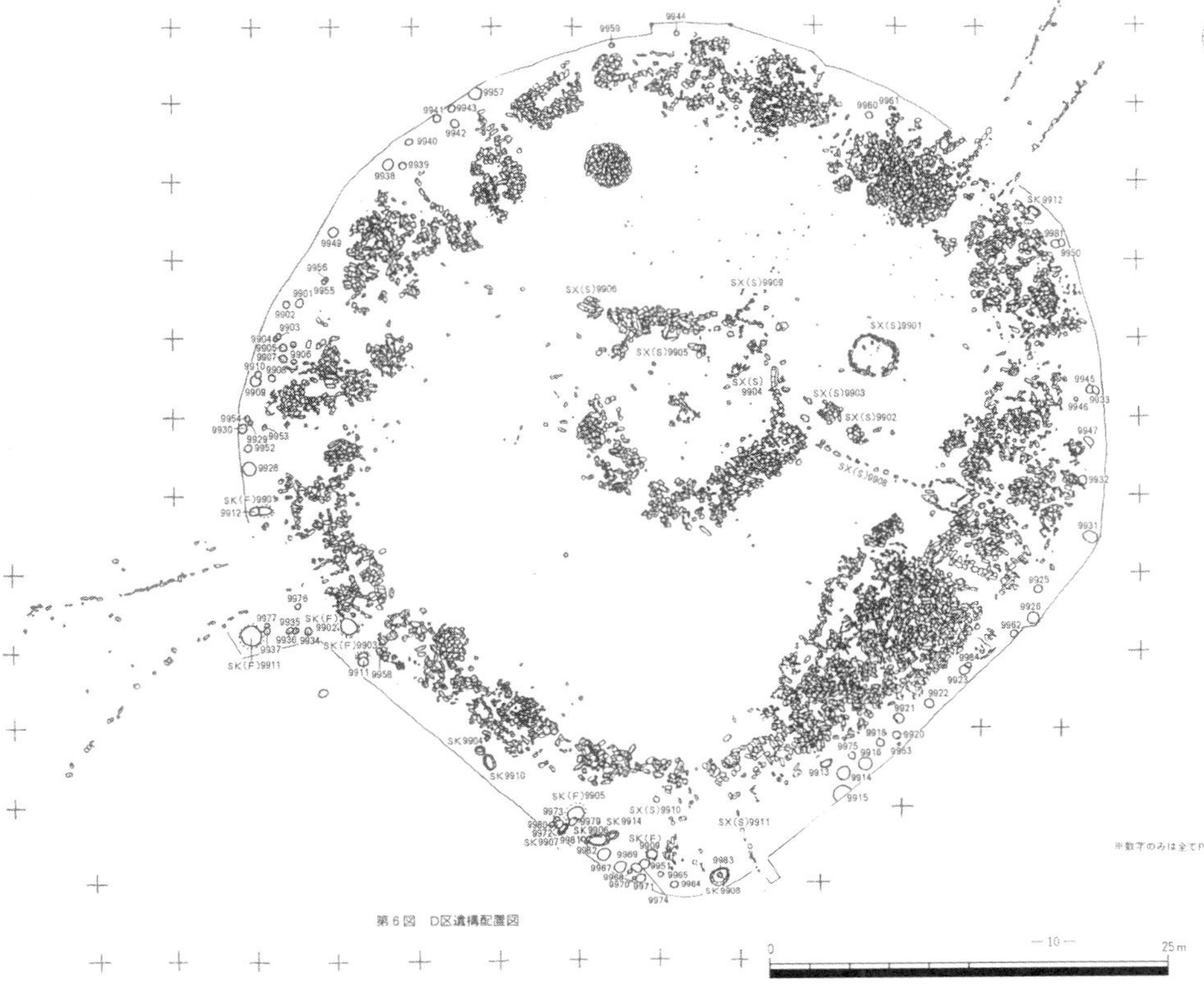

第6図　D区遺構配置図

大湯環状列石は、7000個ほどの石を集めたストーン・サークルだ。
（特別史跡大湯環状列石発掘調査書（16）より）

て受け取る人と、やんわり受け止める人とでは、相当違ってきます。ところが、かたちにしますと、そのかたちを目でちゃんと見て自分自らの責任において確認することができます。これが記念物の特徴です。

こうやって、彼らは世界観をこういうものであると納得づくでそれを造る。しかもそれを造るのに、百年を単位とするような時間を費やします。大仕事です。時には、千年を単位としています。三内丸山の土盛り遺構は、下の方から古い土器が出てきて、上までずっと十五段階位の土器を数えることができます。一つの段階を大雑把に、ごく大雑把に百年と見積もって、そうはずれてない。ほぼそんなところで収まるでしょう。千五百年ですよ、そうすると千五百年ずっとかかって、一つのものを造る。

秋田県、大湯にストーンサークルがあります。これは七千個位の石、それも一人では動かせないようなものを、彼らの技術からしたら、力ずくでは動かせないものを、なんとか工夫して、何らかの方法で七キロメートルも離れた所から石を運んでくるのです。七千個も。そうやって、ストーンサークルを造る。これも二百年以上かかっています。二百年というのは大した時間ではないのです。

パリのノートルダム寺院は、最終的な完成まで二百年もの歳月がかかっています。それから、今、バルセロナの建築家アントニオ・ガウディが設計して、もうガウディは亡くなっています。路面電車にひかれて、聞くところによりますと浮浪者のような体裁だったので病院への収容が遅れたためだったようです。余談は置いときまして、この男が一八八三年（着工は一八八二年、前任者が辞めてしまったため、ガウディが翌年より引き継ぐ）に始めたスペイン、バルセロナの教会サグラダ・ファミリアもいまだに建築が続いています。あと百年たったら完成するのでしょうか。いや、終わるかどうかは分かりません。

縄文人は、さっきの現代時計でやってもなお、二百年近くかかろうということをしているわけです。縄文人の時計からすれば換算すると、千年というのは、現在の百年位に考えてもいいのではないでしょうか。まあ、そう簡単には置き換えることできませんけれども、そういうものを作っている。私たちは今、年度仕事をしています、お役所からいわれて一年ごとの予算を提出して、そして査定を受けてお金をもらいやっています。だから、こせこせして、ろくな仕事ができないのです。もし仮に十年計画で予算を出してもらえるならば、私はもっとすごいことをやらかして、今頃はノーベル賞候補になったかもしれない（笑）。だから、今年、もし条件が整っていれば、三人目の受賞者が生まれた可能性があったわけですが、残念ながら日本ではそうではないし、世界でもそうではない。こんなところで、よろしいでしょうか。

坂詰　ただ今、大袈裟にいえば、一寸度肝を抜かれる程、大胆に小林さんは縄文文化の性格から縄文人の世界観までお話して下さいましたが、この点に関して、次に石野さん、お願いします。

石野　私は学生時代、縄文時代を卒論にしていました。たまたま、大学院生の頃に兵庫県会下山《えげのやま》遺跡の弥生の住居跡を掘って、住居と弥生が好きになり、その後、奈良へ移ったら、今度は古墳に偏ってきています。関心が、だんだん新しい時期へ移っていますので、現在の弥生時代研究のレベルについては、あまり詳しくはありません。

縄文時代については、例えば、三内丸山遺跡がまだ新聞に大きく報道される前に、現地へ行ったことがあります。それは、関西の方にもうわさが聞こえていまして、「青森県で、縄文のものすごい遺跡を掘っているそうだ」っていううわさですね。たまたま北海道へ行く予定があり、急遽、計画を手直し、夜行列車で行くことにして青森に途中下車しました。

その時は、すでに遺跡からは、いろいろなものが出土していましたが、あまり驚きませんでした。恐らく、それより少し前に栃木県寺野東遺跡を訪れていたせいもあるかと思うのです。寺野東遺跡には、ドーナツ状に土塁があって、その真ん中に四角いステージみたいな土壇がある、すごい遺跡です。

関東の人たちに聞きますと、「恐らく、そういうものは、あちこちいっぱいあるだろう」ということでした。そういわれれば、千葉県には有名な大規模な貝塚がいっぱいあります。丘陵ごとにすごい遺跡がぞろぞろ並んでいます。一つ一つの遺跡だけではなくて、その地域全体の中で考えるべきだろうということは、すでによくいわれています。そのような目でみれば、別に三内丸山遺跡は、そういうものの中の一つなのだなと感じた為と思います。

ところが、それからしばらくして新聞に、ものすごい勢いで載り続けました。遺跡が大事にされるのは良いことだけれども、「また、何であそこだけが」とは感じていました。ただ、大きな太い柱根が残っていて、それが奈良時代とか、あるいは古墳時代だったとすれば、六本柱の建物とすぐ考えてだれも疑わない、そういう柱配置で出てきたことには驚きました。

しかし、その復元で屋根が乗ってないのは、中途半端だと思っていました。ところが、先程、小林さんがいわれましたように、今度の特集号で「屋根がない方が、きっちり理解できる」ということを根拠を挙げて書いておられます。太陽の運行、あるいは、日の出の方向とか、日の沈む方向とかを縄文人が当然、意識していたのだと。そういった視点に立てば、屋根のない立柱群である方が良いのだそうです。

私も、滋賀県能登川町の縄文遺跡を見に行った時、円形配列の柱穴群の写真を撮ろうとして、その遺構の向こうに神奈備型の山があるのに気がついたことがあります。「これは一体、何事だろうか」と思って調査をしている人に、春分とか秋分の日の出や日の入りの方角を聞くと、ぴったり一致しました。これまでも、「縄文人は太陽の運行を意識している」とは漠然と思っていましたから、今度の特集号を読んだ時には、なるほどと納得いました。

ただ、それにしても、なぜ、柱を長方形に配列したのか疑問です。三内丸山の場合は、長方形に配列することによって、うまく説明できるようなのですが、各地の立柱群について全部そうだと断言できないでしょう。縄文遺跡で大きな柱穴が長方形に配列された遺構がたくさんありますけれども、それを全部建物ではないというのはいい過ぎだと思います。富山県桜町遺跡の建築材をみても、大型の建物はきっとあったと思っています。

少し飛躍しますが、ギリシャとかローマ時代の巨大な石造りの建造物はすごいもので、だれもがよく知っています。しかし、それはたまたま石で造ったからよく残っていて見栄えがするからこそであって、仮に木で造っていたら、腐ってしまって柱の穴しか残りませんから、例え、遺跡として残っていても、それほど著名にはならなかったでしょう。

また、遺跡の地理的条件を考えれば、砂漠地帯ですと、何か構造物を造ろうとしたら、泥を利用した日干しレンガで造られました。そして、それは時の経過と共にくずれ、ただの丘になる。そうすると、見栄えのいい石造建造物だけが大文明として喧伝される。日本でも、古墳で国の史跡に指定されているものには、石で造った竪穴式石室や横穴式石室が圧倒的に多いのですが、粘土槨や木棺直葬墳ですと指定はあまりなされておりません。

それは、あくまで学問的な意味でそのようになっているのではなくて、ただ見栄えがいいか悪いかだけで判断しているのではないかと私は思っています。ですから､石で造った文化だけが優れていて、木や土で造ったものは価値が低いというような潜在意識はすぐにでも捨てさるべきです。

石でできていないので、見栄えは良くはありませんが、例えば寺野東遺跡のドーナツ状の周堤から柱がずらりと出てきたら、円形スタジアムになるのではないかと期待しています。これだって、大袈裟にいえば、ローマ時代のコロセウムに匹敵しませんか？

坂詰　石野さんの縄文研究に対するご意見をいただきました。岩崎さん、いかがでしょうか。

岩崎　正直いいますと私は、三内丸山遺跡にまだ行ったことがないのです。かつて吉野ヶ里に行った時も随分ためらいがありました。後輩たちの優しいご配慮抜きには、いまなおためらい続けているような感じです。というのは、私には壮大さで有名になった遺跡だけで、その時代を印象づけられたくないというねじれた気持ちがありまして、また、立派に復元された史跡にも行きたくないというひねくれた根性があったからです。

栃木県の寺野東遺跡は環状盛土遺構である。提供 栃木県埋蔵文化財センター

これとは裏腹に、私自身も遺跡のいくつかの復原に協力してきました。では、何が問題か、とのご批判が当然あると思います。お答えにはなりませんが、例えば、サーリンズ(Marshall D. Sahlins)がアフリカの採集民の調査した結果を報告していますが、彼によりますと、あふれる自然の中で暮らしている彼らは、男性は一日二、三時間の労働で用が済んでしまう。女性もそれを料理するだけで、自由な時間ができるといいます。

勿論、生活のレベルは大変低いわけです。しかし、余暇という視点からすれば、低い中でも彼らは満足しているといいます。

日本の場合、例えば幼稚園児の頃から、「早く塾に行きなさい」とかいわれて一日中、忙しい忙しいとやっている子供たちを見るにつけ、ああいう過少生産の世界にもいいところがあると思いたくなります。

自然の中で暮らし、自然環境に適合した文化を生み出したのは、彼らの生き方の結果であって、縄文人が自然と引き換えに自らの肥大化を図るという、現代に通じる思考と技術を持っていたとは考えられません。縄文人が残した記念物とは、豊かな自然環境の確保・維持を目ざしたものといえましょうから、われわれが見失いつつある自然と人間との関わりの大切さを、提示するような野外施設ができないものかと考えるのです。

私は、縄文文化に幻想を抱いておりまして、われわれも自然との共生という縄文社会的な思考を見失ってはいけないのではないか、という勝手で、学問的ではない、個人的な印象をちょっと申し上げました。

坂詰 ありがとうございました。三人の先生方、それぞれのお立場で縄文文化、縄文時代に対するイメージを率直にお話しいただけたかと思います。小林さんが『季刊　考古学』八〇号に書かれておりましたが、縄文時代の研究は、ようやく土器の編年から脱して、幅広い研究がなされつつあると。かなり以前にも、そのようなことを聞いた記憶があります。従来、依然として縄文時代の研究は土器編年の呪縛があったのですね。それがだんだんと展開してきて、大規模な縄文時代の遺跡が発見され、社会的にも注目され、縄文文化のイメージというものが膨らんできたと思われます。

また、石野さんのご意見、岩崎さんのロマン的なお考えもありますので、この縄文社会というものが今後、多くの方の研究によって、より豊かに、そして、皆さん方のロマンをかき立ててくれるような、そういうような時代であり、また研究であってほしいと切望しています。今日は、各先生方の縄文時代に対するイメージを中心にお話をいただきました。それぞれのお考え方が興味深く伺えたのではないかと思います。

三　弥生時代の終末と古墳時代の起源

坂詰　次に、弥生時代の終わりから古墳時代の問題にまいります。先程、ご講演の中で石野さんは、古墳時代の早期の問題に触れられました。その中で、一般的に「早期」というのは、まだ市民権を得ていないというお話がございました。この点について先程のお話を踏まえながら、もう少し、詳しくお話しいただければと思うのですが。いかがでしょうか。

石野　先程も申しましたが、二世紀から四世紀にかけて、墓制が方形墓から円形墓優位に移行する時期が「早期」であるという点については、皆さんもあまり異論はないかと思います。

その中での方形墓は、弥生以来の伝統的な墓であり、方形墓に突出部を付けた一突起方形墓（前方後方墳）地帯は伝統的な墓を守り続けている地域だといえるでしょう。

東海西部で突出部が出てくる方形墓は古いので、日本中の突出部のつく方形墓は、全て東海系とは限れなくて、その中にもいろいろなタイプがあります。九州系もあれば、吉備系もある。方形墓に四つの突起をつけた四隅突出型方形墓も出てきます。そういう中でみてみますと、円形墓に突出部をつけるものは、方形墓の世界が続いてきた中にあっては極めて異質であり、葬送儀礼上、大きな違いがあると思います。

丸と四角は大した違いではないという人もいますが、やっぱり、丸と四角は大きく違います。私は二～四世紀を墓の形で考える時、「角丸戦争」だというのですけれども、角と丸はそれ程、大きく違って捉えています。

楯築《たてつき》墓（岡山県）を調査された近藤義郎さんは、この墓は古墳的要素が強いけれど弥生墳丘墓であるといっておられます。

時代区分をどう区切るかってことにもなるとは思いますが、いっそのこと弥生時代か古墳時代かに、あまりこだわらずに、一つの時代にして、どちらかの時代区分をなくしてしまった方が良いかもしれません。もしかすると、千年後の日本歴史学者は弥生と古墳のどちらかの時代をなくしているのではないか、多分、古墳時代の名称が消えてしまうのではないかと予想しています。

岩崎　四角と丸という墳丘の形式について、あまり考えたことはあ

奈良県にある中山大塚古墳の石室。提供 奈良県立橿原考古学研究所

りません。ただ、四角は『魏志倭人伝』でいうところの狗奴国を象徴するとか、東海地方こそ四角の本源の地であって、丸は、どちらかというと、もう少し西に行った近畿地方、そうですね、兵庫県の辺り、その西の岡山県地方に丸い墓が始まるというようなことは承わってはおります。けれども、それについて、私自身に新しい見解はありません。

ただ、先程、申しました長野県などの広がりで、一県単位あるいはもっと広い範囲、あるいはそれより狭い所もあるでしょうけれど、そういう広がりの中で、突出部のついている前方後方型のものと、前方後円型のものとの分布をみると、まだ調査が進んでいないので、はっきりした年代は、分かりませんが、天竜川水系も信濃川水系も共に要所要所にまず前方後方型のものが出てくるのです。そしてその直後に、前方後円型のものは県内から全部、姿を消しています。そして、その中で、前方後円型の特別大きいのが信濃川筋、つまり、県北部に集中的に築かれるのが前期の姿です。

ですから、前方後方が全域に広がりを持つ第一段階、それがすぐになくなってしまって、そして今度は、県北の限られた所に古墳が出てくる。どうしてそのような現象が起きたのか、私は分かりかねているわけでして、この辺は白石太一郎さんが大変、お詳しいのではないかなと思って……。

坂詰　ありがとうございます。のち程、白石さんに、一言お話をいただこうと思いますので、お含みおきください。また、先程の石野さんの「古墳は、どちらが前か後ろか分からない。ゆえに、横から見るのだ」というお話ですが、その点について、石野さん、お願いします。

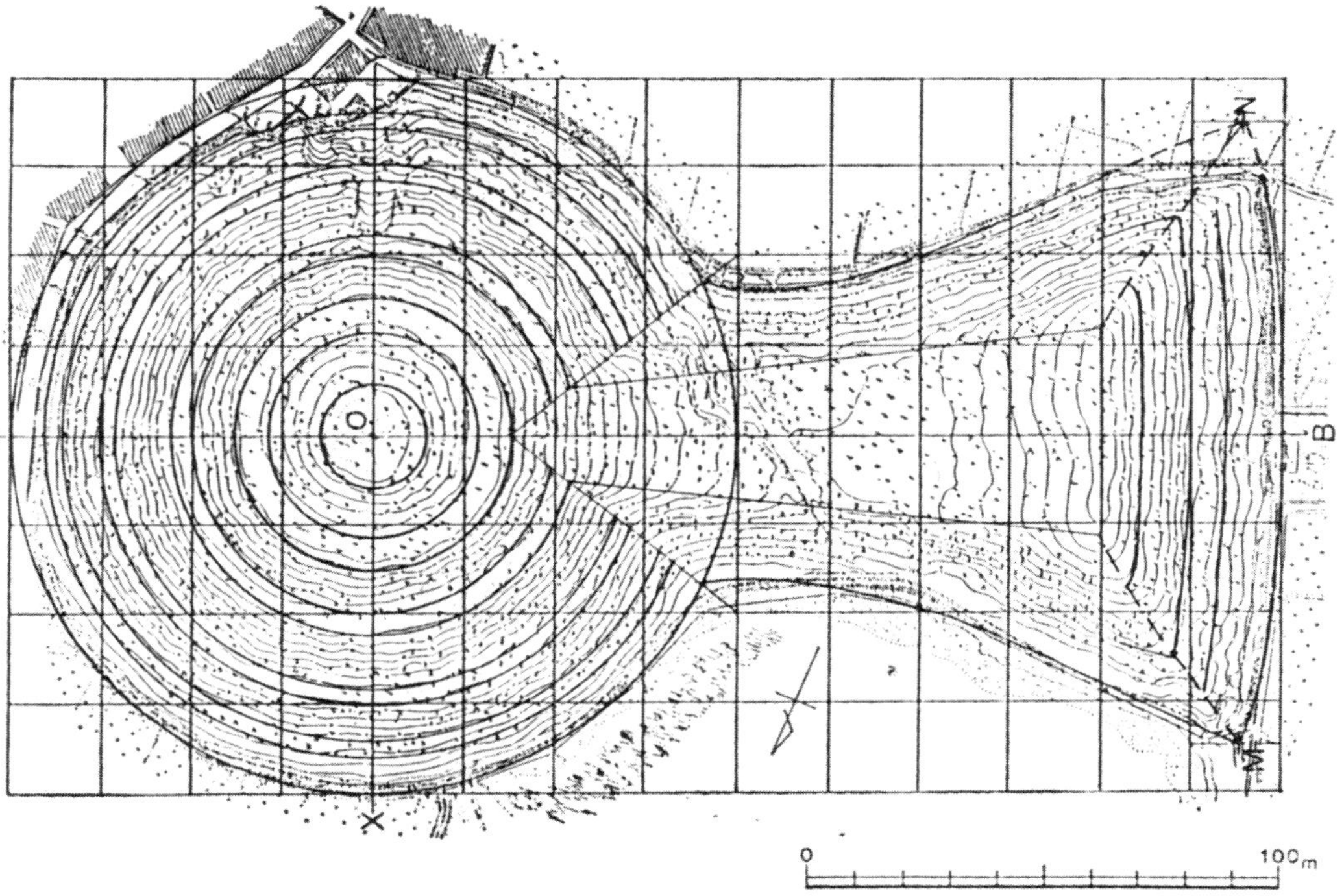

箸中山（箸墓）古墳実測図

石野　その話がはっきり分かるような図面は、とくに今回入れていないのですが、例えば奈良県ですと、箸中山（箸墓）古墳と同じ位の時期にあたる、全長二二〇メートル程の一突起円形墳があります。中山大塚古墳です。発掘調査によって、くびれの部分から円丘部の方へ上がっていく通路が出てきています。

それから、四世紀後半の河合町ナガレ山古墳は、全長一〇〇メートルの一突起円墳です。墳丘の裾に埴輪を巡らせていますが、くびれ部の一部分、一メートル二、三〇センチ程、埴輪が置いてありません。そこから、後円部に上がっていく両側に、埴輪を配置した通路が造られています。

類例は宮崎県西都原古墳群の中の四世紀後半の十三号や富山県国分尼塚古墳にもあり、調査が進めばかなり増えてくるでしょう。

奈良県黒塚古墳の調査では、円丘部の大きな墓壙から突出部に向かって幅が一〇メートル近くあるような、作業道と呼んでいる掘割りが出てきています。ということは、古墳築造の作業中は突出部からものを運び入れており、それを修繕して祭祀道にした可能性はあるでしょう。しかし、基本的には側面が正面観になっていると考えています。

例えば、箸中山古墳を北西の側面から見ますと背景にカミの山、三輪山がきれいに見えます。突出部から見たのでは、三輪山は横にずれます。

それから、突出部は四角ではなく三角形だといいました。その根拠は古墳の平面企画研究の成果によります。突出部は円丘部の中心から二等辺三角形を描いて設計されたと指摘されています。初期の一突起円墳は、突出部が、ばち型に開くのが特色だといわれてお

奈良県の黒塚古墳には円丘部の大きな墓壙から突出部に向かい大きな掘割がある。

り、四角ではないわけです。ということもありますから、四角でもないし、前でもありません。

ただ、そうなりますと、私は、十年ほど前に、なぜ、前方後円形はそのような形なのかということについて、中国の天円地方の思想で説明しました。「天の神を祭る時は円形壇で、土地の神を祭る時は方形壇という考え方が、古墳時代に入ってきて、それを日本的に解釈し墓の形とした」といいました。今回の考え方はそれを否定します。

坂詰　どうもありがとうございました。ここでご要望もございますので、白石さんに一言お願いいたします。白石さんは、先程ご披露がありましたように、この度、『古墳と古墳群の研究』によって、雄山閣考古学賞を受賞されました。本来なら白石さんにご講演をと考えていたのですが、諸般の事情から、今日はご臨席いただいております。この機会に、とくに、ただいまの石野さんのコメントに触れながら発言をお願いします。

白石　白石でございます。「古墳の始まり」についての石野さんとの論争は、すでに三十年前からやっていまして、今日はもうやりたくはないのですが。ただ、今日の資料を見て気になったことがあるので一言申し上げます。資料の中で「楯築」には墳丘墓、「纒向《まきむく》」には纒向石塚古墳と図版キャプションを付けられておられますよね。纒向石塚は「古墳」であって、楯築は「古墳」ではないというのは、石野さんの論理からは、私には分かりません。

石野さんもおっしゃったように、名称は人によって考え方が違うので、あまり大きな問題ではないとも思えます。私にしても、箸墓に代表されるような定型化した大型前方後円墳の成立をもって、古

墳の成立と考えた方が整理しやすいのではないかという考えからそのような使い方をしているだけです。それ以前の墳丘墓を古墳と呼んではいけないという理屈は何もないわけです。

しかし、困るのは、そういう立場の研究者の方々も、皆、人によって、どこで線を引くかが違うことですね。これは研究上の一つの約束事ですので、やはり、共通に理解できるようなところで線を引かねばなりません。

私は、比較的明瞭で意見の一致しやすい、定型化した大型前方後円墳の出現をもって「古墳」とした方が良いと思っています。

いずれにしても、その辺は考古学的な資料の呼び方の問題であり、それとともに、考古学的な資料操作の段階における墳墓の編年の問題であって、結論的にいえば私はどこで線を引いてでも構わない。客観的な物差しとしての編年に間違いなければ、それでいいと思います。

ただ、弥生時代と古墳時代の境をどこで線を引くかというのは、それとは違った大きな問題であって、それは歴史研究者としての考古学研究者が日本の古代史の全体像をどのように捉え、どこで線を引くのが日本古代史の理解にとって有効かという観点から考えるべき問題ですね。これは歴史認識の方法としての時代区分の問題になってくるので、別に考えなければならない大きな問題だと思っております。今日は時間もあまりございませんが、私はそういう古代史の時代区分の問題として考えても、やはり、先に述べた通り、箸墓に代表されるようなきわめて大きな定型化した前方後円墳の出現をもって線を引くのがベストではないかと。もう三十年前から一向に変わらない古臭い考え方を今でも持っています。今日はこれ位にしておきます。

石野　一つだけ訂正させてください。今回のレジュメ中の図版に書かれたキャプション、楯築が「墳丘墓」であるのはおかしいとのご指摘ですが、そのとおりです。急いだあまり、他の人の資料をそのままコピーしたせいでして……、ちなみに、私の本では全部、楯築古墳にしています。

坂詰　ありがとうございました。三十年前からのお話ですので、あと何年続くか存じませんけども、いずれ改めて何らかの場でお二人のご意見の調整が取れればと思います……。まあー、これは永久に決着がつかないのではないかとも思いますが。

四　考古報道のあり方をめぐって

坂詰　それでは、時間も迫ってきました。最後の「考古報道のあり方をめぐって」に移ります。この問題については、とくに考古学の雑誌を出版している雄山閣は、捏造問題が発覚して以来、非常に神経をとがらせてアンテナを張ってきたようですけれども、それぞれ先生方のお考えを承われば、今日ご参会の皆様共ども大変ありがたいと思いますので、一言づつ、お願いします。小林さんからお願いします。

小林　考古学の性質といいましょうか、それが、実は、一般の人と考古学をなりわいとしている人との垣根が低いのですね。この点が一つ、ノーベル賞が設定されてない大きな原因じゃないかと思います。つまり、行き来が自由自在です。そういう意味では、考古学者の相当頑張った考え方でも、あっという間に一般の方にもご理解いただけるという、そういう利点があるのですね。

それと先程、例に出しましたが、「こういうことが知りたいのだけれども、どうなっているのか？」「それは、こうこうこうだ」「いや、そんな曖昧なことではなくて、もっと白黒はっきりしろ」と、いうような注文が垣根の外からどんどん入ってくるのも考古学の特徴です。そして、気のいい人は、すぐそれに便乗します。あわ良くば、うまく得することができるかもしれないという不純な考えですね。私ではありませんが（笑）、そう思われ兼ねない部分がかなりあると。これが一つあります。

それから、もう一つ、日本列島は、例えば日本語を話しているというのは、これだけで……、何といいますか、密度の濃い日本語を一定の地域の中で他の言語を混じえずに話しているというような状況は、先進国の中では、おそらく日本しかないと思いますね。そういった意味で、日本列島に生まれて育った人は、何となく、ずっと昔まで溯っても、そこに住んでいた人々というのは、皆、自分と関係があると思い込んでいるのです。多分、心ではつながっていってもかまわないと思うのですね。

ちなみに、私は新潟県の生まれです、「○○が発見された」というような話題に対して、私としては全国的な視野から見ようと心掛けてはいますけれども、それはそれとして、一方で生まれ故郷の新潟で、何が発見されたのかなどということが、とても気になります。はっきり白状します。このような皆さんとほとんど変わらないレベルでの研究者の心もあることも事実です。

そういったことをうまく、何といいましょうか、冗長させてくれたり、専門的な情報を知るのに好都合なように橋渡ししてくれるのがジャーナリストで、あるいはジャーナリズムがそういう役割を果たしてくれているんじゃないか。だから、分をわきまえて、研究者は研究をもうちょっとまじめにやることが、もう絶対必要なのですけれども、一方では、いろいろな情報を発信していくことも大事です。それは日本人としてのアイデンティティーといいましょうか、日本人意識みたいなものにもかかわっているのですね。これは日本人特有のものです。

私は、アメリカ、カナダ、イギリスでそれぞれ一年位づつ住んでいたことがあります。あっちで一年間新聞を取っていても、考古学関連の記事は三、四回あれば、まあまあの方ですね。その点、日本では、考古学の記事が載らない日はないという程の状態です。これは厳然たる事実です。それだけ関心が高い。それから、ちょっとご聴講の皆さんを持ち上げると、それだけ知的レベルが高い人が集まっている。

その中でやらなければいけない考古学は、だからこそ、自制心を強めて、そして、これなら受けるかもしれないというような、キャッチコピーで研究をやるべきではないと思います。

三内丸山は、残念ながらそういった意味では非常に、そういう面が裏目に出て、しかも、あれよあれよという間に有名になった。それだけの内容は持っているのです。持っていますが、三内丸山が縄文文化であるとか、縄文時代観を書き換えたとか、大宣伝に熱心な研究者が生まれてきた。縄文の見直しを三内丸山が迫ったのではないのです。これまで、研究者はずっとそういうことをやってきて、三内丸山で確認したのです。

それを、三内丸山の、またここにおいても第一次関係研究者は、「私の関係したこの三内丸山によって栗の栽培が初めて分かった」とか、「初めて定住的なムラが証明された」。定住的なムラなんていうのは、土器を作り始めてから、もう定住しているのですよ。土器を持ってうろちょろしていたら、背中に背負っていても、うっかり者は気がついたら土器が割れていますからね。だから、土器を持った時には、もう定住しようと決めたから土器を持って、土器で煮炊きをするという生活に入っているのです。

ところが、三内丸山の場合は、こうやって。大体千七、千八百軒の、竪穴住居があるのですが、その事実、数多さだけを発信し、ちゃんとした情報を伝えていないのです。いいはじめた頃は千五百軒位。次に千六百軒とだんだん数が増えてきます。勿論、調査が進むに従って増えてきているわけで、その数を表に出すのですが、しかし実は、ずっと人々が住み続けている間に、千七百位の竪穴住居跡がたまっていったという事情の説明を抜きにしてなのです。

ムラが生まれて、そして人々に放棄されるまでの間、何回、無人に近い状態、あるいは無人になったかどうか分からないのです。全くの無人になったかどうかは分かわかりませんが、無人に近い状態になったことがあったはずなのです。途切れ途切れ、集落が継続されたのです。そうでなければ一番困るのは食べ物のかすと、それから、口から入れて、そのまま自分でちゃんと体の中で始末できればいいのですが、下からまた出しますもんですから、これが厄介なのです。これは今でも地方自治体が、ごみと糞尿の問題について非常に苦労しています。

まず、人の生活する環境を悪化させるのはごみ問題です。そして、臭いも立ち込めますから、アメリカの先住民の場合は、身分の高い

三内丸山遺跡の発掘当時の大型掘立柱建物跡。提供 青森県埋蔵文化財調査センター

人が風上に住むのですよ。風下の臭いがする方には、身分の低い人が家を建てなければいけない。集落を営む上で、一番深刻な問題は、日常的に出てくる、蓄積していく生活環境の悪化があります。これは避けられないことでして、だから、その場を放棄し、どこかへ移り住むのです。しかし、最初選んだ場所にはそれだけの理由があるわけで、条件がいいということで選んでいるわけですから、すきを見計らって、環境が回復するとまた戻るのです。

だから、三内丸山の人たちというのは東北人気質をよく表わしていまして、この東北人気質というのは縄文時代まで、溯るのですね。しんから強く、そして、一つのことにこだわる。三内丸山の人たちは円筒式土器という茶筒を引き伸ばしたような大きい土器を二千年位ずっと続けて作り続けるのです。そういうことをやっていた人たちが、あの場所にこだわったのは東北人気質というのもあると思います。それからもう一つは……。

報道の問題でしたね、では、この三内丸山問題については、これでおしまいにしましょう(笑)。三内丸山だけが特別だというふうな発信の仕方……。研究者のプロが率先してそういうことをいうのは、ちょっと報道陣側だけに責任を負わすことのできない、研究者の側の責任もあるのではないかと思います。

坂詰　小林さんは、いつも熱が入ってくるといろいろとお話が拡がります。有意義なお話ありがとうございました。では石野さん、お願いいたします。

石野　私は、十年程前に奈良県の橿原考古学研究所を卒業しています。そこにおりました頃、斑鳩の藤ノ木古墳の調査にかかわりました。当時、藤ノ木古墳調査のマスコミ発表は、斑鳩町の体育館が会場となりましたが、つめかけた報道陣が一番多い時は、三百人くらいだと記憶しています。それはもう、単なる文化財発表の枠を超えているととても緊張いたしました。

その中でも、とくに憶えていることは、金銅製の冠について発表した時のことです。その際、某テレビ局のカメラに向かって「古墳時代の冠は、日本中で十五、六出ヵ所から出土しています、それぞれタイプが違うので、藤ノ木古墳の冠も、その一例に過ぎません」という日本で出土した冠についての前提説明の後に、「藤ノ木古墳としての特色を持った、独自の冠です」と説明したのですが、実際に放映されテレビに映ったのは最後の一言だけでした。

私が説明した、それぞれ各地の古墳から出土している冠は、全部、それぞれ皆特色がある。藤ノ木から出た冠は、そのうちの一つに過ぎないと説明したことは、一切報道されませんでした。マスコミ報道はそういうところが一つあります。

それから、もう一つは、今から約三〇年前の、纒向《まきむく》遺跡を調査した頃の話です。当時、奈良県在住の考古学者の間でも、この遺跡の存在は、ほとんど知られていませんでした。存在を知っていた研究者にしろ、あつかいは土器散布地の一つといったところです。

その時、その地区でたまたまアパートを建てる計画がありました。私は、上の人から「散布地から、一〇〇メートルも離れているから、発掘調査をする必要はない」といわれていたのですが、集落遺構の調査が、三度の飯より好きでしたから、無理矢理、掛け合って、いくらかお金を出してもらって調査を強行したのです。

しかし、残念ながら何も出てこなくて、ただ、飛鳥時代の川の一部が出てきました。それ以外、目ぼしいものは出土せず、これで調査は終了かなあと思っていましたら、そんなある時、万葉集を研究している人が教えてくれたのです。その人は「この地区には、この辺りを詠んだ柿本人麻呂の万葉歌が四首か五首あります。その中に、『纒向川』が詠みこまれているのですが、現在の巻向川には万葉歌のような情景が見えてこないのです。しかし、あなたが見つけた川跡は『纒向川』と、ぴったり一致します」というのです。私は跳び上がる程に大喜びしまして、マスコミに「万葉の川見つかる」と発表しました。

それは、冷静に考えれば担当者の欲でしょうね。調査担当者は、是非、この遺跡をどうしても続けて掘りたい、何とか集落跡を見つけたいという欲で、マスコミの人に誇大広告をしたのです。うそではないけれども、大袈裟な表現でしょうね。その辺が、灰色といいますか微妙なところだと思います。ただ、結果として次の年に三世紀から四世紀にかけての遺物や遺構が、どんどん検出され始めました。それは、あくまで結果です。発掘調査員は、誰しも自分が掘っている遺跡について大きく報道してほしいという気持ちはあると思います。かくいう私もありましたし、今でも心のどこかにあると思います。しかし、最近かなりひどいなと思うことも多々あります。

マスコミの人から、「〇〇県で、こんなのが出たけど、どう思いますか」という問い合わせがあった時、遺跡調査の継続が諸般の事情でできない状況になっているとか、あるいは、今の調査時点では普通の遺跡であっても調査を続けていけば吉野ヶ里遺跡のようにもっとすごい遺構が出てくる可能性が見込まれて、さらに現状保存の問題が出てきそうな遺跡であるとかということを事前に知っていますと、誇大宣伝についつい乗ってしまう時があります。これも正直なところです。

自分が関係した遺跡、あるいは関係していない遺跡についてコメントを求められた場合、誇大にいってしまう場合もありますし、極めて慎重になる時もあるという、そういうところが私自身の実態のように思います。

最後に、奈良県における最近の古墳発掘についての批判的な記事が今度の特集にも出ていますので、考えを申します。私は研究所を辞めて十年になりますから一連の古墳調査の当事者ではありませんが、関係者です。実態としては、担当者が嫌がるほど現場に見学に行っていますので、調査の進行状況は、それなりに見ています。

この特集では、全長一二〇メートル余りの勝山古墳の周濠から出てきた木材の年輪年代が、西暦の一九九年プラス何年かだから、その頃に造られた古墳であると橿原考古学研究所は発表しました。しかし、それはおかしいと思います。そこから一緒に出てきた土器は布留0式という三世紀後半の土器です。それについては何のコメントもせずにただ古いとだけいっているのはおかしいと指摘されています。確かにおかしいです。

布留0式土器とは私の纒向《まきむく》三式新で三世紀後半の土器です。この土器群は明らかに材木の間から出ているし、下からも出ていますから、土器と一緒に材木が捨てられています。やはり土器・木材が廃棄された年代を考えないといけないと思います。

逆にその土器を年輪で分かった年代に上げるべきだという意見が、研究所の一部の人の意見のようですけれども、それは様々な要素を考えますと、上げることは無理です。なぜなら、弥生時代後期に貨泉という年代の分かるお金と一緒に出てくる土器の年代が大阪府亀井遺跡などで押さえられていますから、あまりこの時期を上げますと、それも一緒に上げなければいけないことになって、とても上げられません。

ただし、勝山古墳そのものの築造年代については研究所がそれより数年前にやりました堀の一部の調査時に出た、庄内式の古い単純層が気になります。ただ、調査面積が狭いので、あまり大きな根拠にはできない。大量に出ているのは周濠の上層の布留0式です。下層の土器はもっと古いのです。勝山古墳の築造年代についてはまだ決定はできないというところだと思います。

勝山古墳の木材の年齢年代と共伴土器の年代が一致しない事に関する私の考え方は、当時、新聞に発表したものがありますので参考にして頂ければ幸いです。

こういう批判記事を書かれる時も、すでに報告されている先行調査を、きっちり勉強して書くべきでしょう。例え新聞記者であってもです。新聞記者であるからこそ、そうして欲しいと思っています。お互いに議論しながらやったら、いい情報が皆さんに伝わるように思います。

坂詰　貴重な体験談に具体例を交えて、お話をいただき、ありがとうございました。最後に岩崎さん、いかがでしょうか。

岩崎　大体、石野さんのお話で申し上げることは尽きている感じですが、時によってはこの遺跡について、周辺の状況から是非ともみて記事にしてほしいなと思うことは何回もありました。そういう時には、顔見知りの記者に「この辺のことは報道した方が、世の為人の為ではないの」と記事にすることを奨めたこともありました。

一方、自分が関係していない調査の場合には、出土したものについて、客観的に意見を述べてきたつもりです。勿論、名を上げてやろうというようなつもりでやったことはありませんし、今後も恐らくないでしょう。

単なる電話での取材の場合は、報道関係者の問題意識を正しく把握出来ないまま、型どおりの応答で終わる事が多かったと反省しています。

やはり、記者と相互に意見交換を経た上で作られた報道記事を、載せてくれるといいのではないかと思います。

坂詰 ありがとうございました。時間もございませんので、かなりはしょってご発言をいただいたわけですが、考古報道というのは、今後とも、まだまだ大きな問題が数多く出てくるかと思います。また、改めて皆さんのご意見を伺える機会を望みたいと思うのですが…。ご意見を伺っていて、私が強く感じましたのは、最近、考古学、あるいは古代史関係の本がたくさん出版されています。ところが、日刊新聞ではデータを採れば分かると思いますが、あまり紹介されていません。私は、かつてY新聞の読書委員を四年間務めさせて頂いたことがあります。その時は毎週のように新刊の紹介文を書いていました。そのような体験以来、新聞の新刊紹介欄は気にしていますが、とくに捏造事件以降、ほとんど考古学の本は敬遠されているようで、中央の日刊新聞に出なくなっていますね。

これは、考古学の成果を正確に報道していただくためにも、やはり注意すべき問題ではないかと考えております。このような点も併せて今後ジャーナリズムの関係者に対して、考古学研究者の立場からの意見発信も必要じゃないかと思っています。

もう時間が、ございませんが、斎藤忠先生が、朝から今までずっとご参席いただきました。なかなかこういう機会も得られません。先生から一言お話をいただけるということですので、お願いしたいと思います。

斎藤 今日はどうも講師の方、ごくろうさまでした。また、白石さん、ごくろうさまでした。あまり時間がございませんので、本当は、私は今日のことで二十分位にわたっていろいろと感想を述べたいと思うところですが、五分間位ご辛抱して聴講いただきたいと思っております。

とにかく、今日のディスカッションは、非常に実りのあるディスカッションだったと思っています。とくに、旧石器の問題については、この小林さんが率直に、今まで恐らくあのくらいの発言はしないと思いますが、いろんなことをいっていただいてありがとうございました。私も実は、いろいろな考えも持っております。一つは、この問題に関連して、かつての「永仁の壺」事件がマスコミ各誌によって一つも引き合いに出されていないということ、これはマスコミでも何でもそうなのですが、国宝に指定する前に「永仁の壺」は現代の陶器作りの方が作ったという事実を看破できなかったということです。やはり、指定を行なった文化庁の大きな責任問題として考えるべきではなかったのかというようなことも思っている次第です。

それから、旧石器の研究者がなぜもっとヨーロッパの旧石器や何かを勉強しないのか、また、中国に行って、周口店なり、丁村の遺跡なり、その他をなぜもっと歩いて勉強しないのかというようなことを私自身は情けなく思っている次第でございます。私などは、今年は丁村遺跡までわざわざ足を運んで見てまいりました。周口店にも三回位回って見ております。皆さんも、旧石器の研究者は、やはりまめに歩いて勉強することも大事でないかと思います。

それから、縄文社会論の今後については、この天体観については、私も小林さんに、またいろいろ意見も聞きたいと思います。例えば、夏至の問題が果たして日本の縄文時代にあったのかどうかなんていうこと、いろんな問題もありますが、これは省かせていただきたいと思います。

それから、三番目の弥生時代の終末と古墳の起源、これは大変重要な問題なのです。私は、ただ、日本にとっての一つの宿命は、この時代が邪馬台国であり、卑弥呼がいたというようなことになる。そして、とかく考古学者は、邪馬台国はどこかということが。そして、何となく畿内がもう定着しているっていうようなことがありますが、まだまだ私は問題があると思っています。

最近、ある古代史家がこの「邪馬台国の原像」という本を書いた。そして、やはり九州説を唱えていました。まだまだ問題がある証拠ではないでしょうか。私はそういう点で、弥生時代という言葉を返上して、二、三世紀辺りを邪馬台国時代、あるいは卑弥呼時代位で素直に率直に考えるべきでないか。この問題だけを取り込んでみたらいいのでないかと思っております。

それから、四番目の情報です。皆さんもいろいろとご経験がおありでしょうが、私が一言申したいのは、学者のコメントの問題です。新聞の方から突然電話があり、ついとっさに思いついたことをコメントしてしまうようなこと、そして、そういうコメントに「こういうことはもっと慎重にあつかいなさい」とか「あまり大したことでないですよ」なんて返答すると没になってしまうわけですが……、学者自身のコメントというものは慎重にやってほしいと思っている次第です。

ただ、今日の皆さんの発言で、日本の考古学界は、ますます健全だと思います。どうぞ、皆さんのご趣意のもとに、粛々と、そしてまた、はつらつと二十一世紀を邁進していただきたいと思います。以上で終わりにいたします。

坂詰　斎藤先生、どうも、ありがとうございました。マイクを必要としないハリのある声で、お話をいただきました。ますますお元気でこれからもご活躍をいただければと存じます。今日は、限られた時間でございました。とくに「日本考古学を語る」という題で、いろいろと、先生方の率直なご意見を伺うことができました。学会のシンポジウムと異なり、率直に日頃お考えになっていることを語っていただきました。ご参会の皆さん方も、大いに得るところがあったのではないかと思います。パネリストのお三人、そして斎藤先生、白石さん、どうもありがとうございました。無理なことばかりいいまして、申し訳ございませんでした。

これで第九回、雄山閣賞を記念いたしましたパネルディスカッションを終了させていただきます。どうも不十分な司会で申し訳ありませんでした。（拍手）

（このパネルディスカッションは、二〇〇二年十月二六日、日本出版会館において開催された、第九回雄山閣考古学賞記念パネルディスカッションを収録、さらに発言者自身によって新たに加筆訂正されたものである。）

口絵解説

「東京都北区中里貝塚」

東京芸術大学　文化財保存学専攻　植月　学

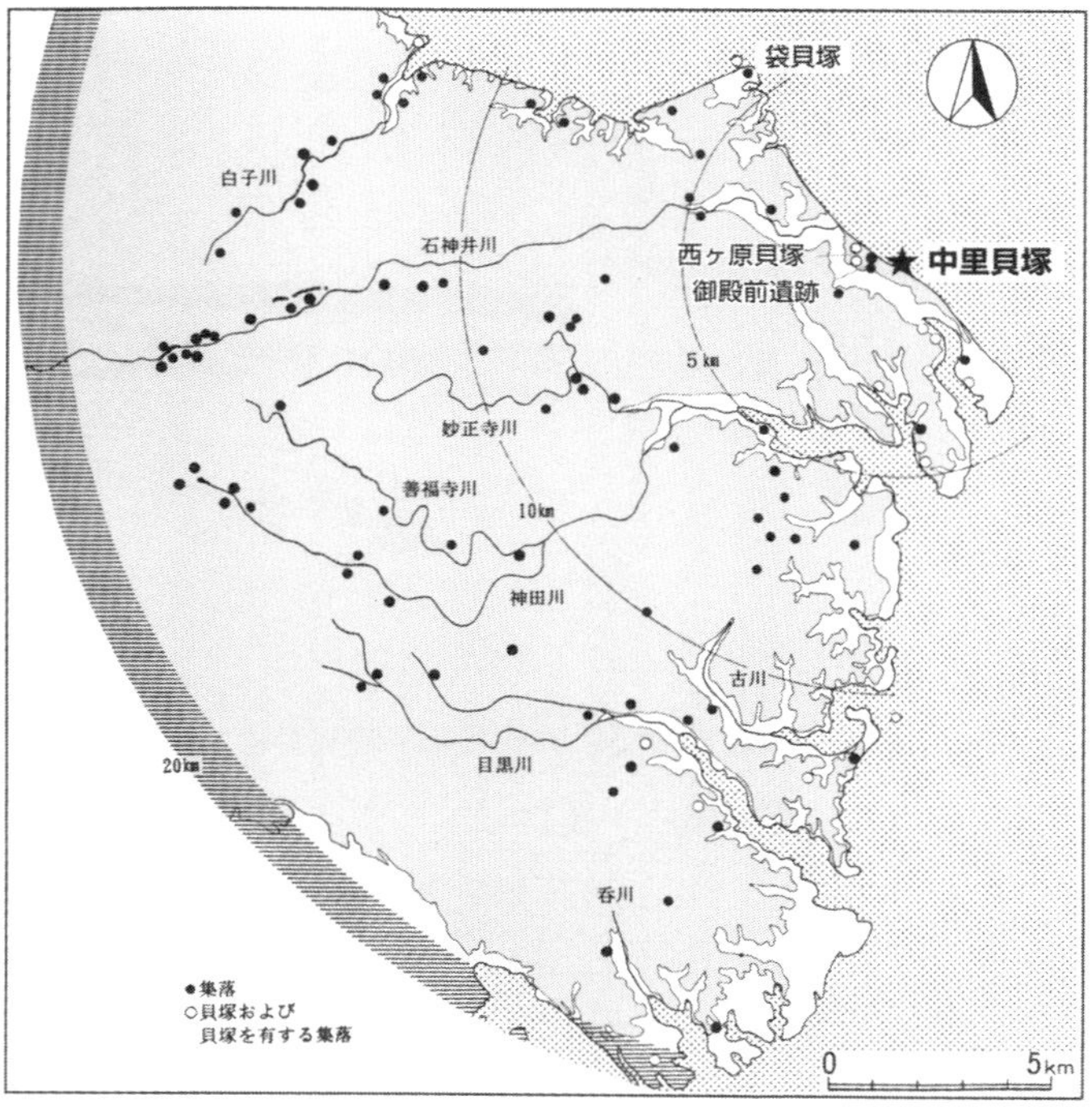

図１　中里貝塚の位置と周辺の遺跡

中里貝塚は武蔵野台地北東縁の崖線下、東京低地に形成された縄文時代の低湿地性貝塚である。貝塚の存在は明治期より知られていたが、人工遺物がきわめて少ないことから自然貝層とみる説もあった。しかし、一九九六年の初の本格的発掘調査により、人工の貝層であることと共にその特異な性格が明らかにされた。その後も大小様々な規模の調査が継続されており、二〇〇〇年にはもっとも大規模に調査された二地点が国史跡に指定された。

調査により明らかになった中里貝塚の特徴として、まずその規模の大きさがあげられる（図2）。貝層は幅約七〇～一〇〇m、長さは最低でも五〇〇m、推定で一kmにわたっている。厚さは最大で四・五m、多くの地点では一・五～二m前後の堆積が見られる。いずれも国内最大級である。形成期間は年代測定や少量の土器により縄文時代中期中葉勝坂期～後期初頭称名寺期（約四、六〇〇～三、九〇〇B．P．）の五〇〇年間程と推定され、その圧倒的な規模に比して、形成期間は特に長い訳ではない。

第二の特徴として、活動痕跡の限定性があげられる。中里貝塚で

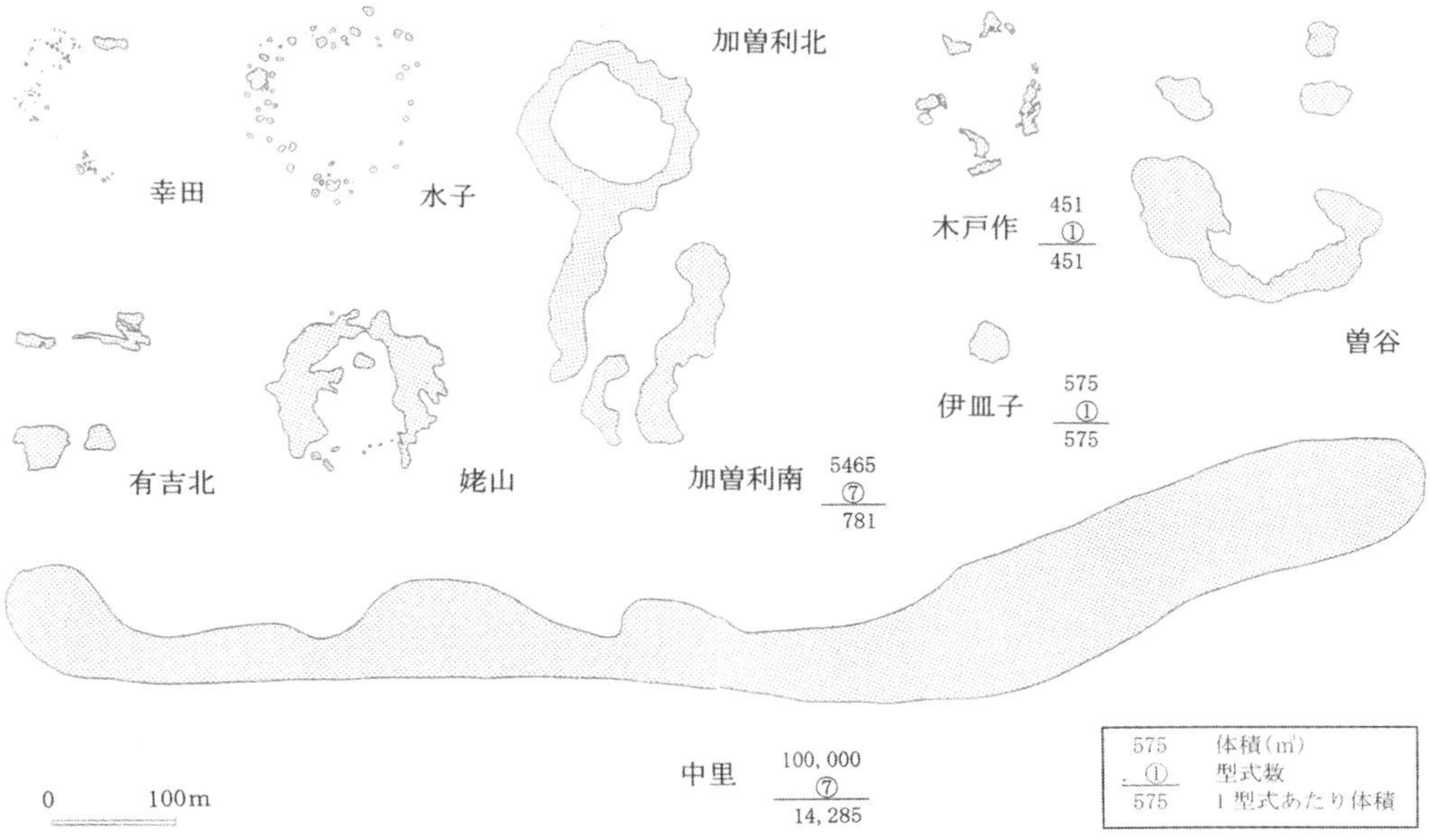

図2　東京湾沿岸の貝塚規模の比較

検出された遺構は、木枠付土坑、土坑、木道、焚火跡などであり、いずれも貝類のむき身処理やその運搬に用いられたと推定される。

その規模に比して人工遺物や貝類以外の動物遺体はきわめて少なく、浜辺に立地しながら漁具・魚骨がほとんど出土しないことも、この場が貝類の処理に限定して利用されたことを端的に示す。貝類組成も限定され、マガキ・ハマグリが有用種の九割以上を占める。ハマグリは大形のものが選択され、採集季節は春〜夏を中心としていたと推定された。

通常の貝塚と異なる以上のような活動痕跡の貧弱さは、かつての自然貝層説の根拠となった。しかし、大型貝類相や、微小貝類、珪藻化石の分析を通じた貝層形成過程の検討により、下層の一部を除けば自然堆積の可能性は低いことが判明した（図3）。また、各種遺構の発見もあり、貝層の大部分は人工的に形成されたという結論に達している。

中里貝塚を見下ろす台地上には同時期の集落遺跡がいくつか知られる。これらの遺跡では貝層は形成されないか、あっても住居跡内の小規模なものであり、貝類組成はヤマトシジミを主体とする。また、小規模な住居跡内貝層から中里貝塚をはるかに上回る量の魚類遺体が出土した例もある。中里貝塚と集落とでは生業活動は明確に区分されており、貝種によっても処理や消費の場が区別されていたのである。

この時期にこの地域でこれほど大規模かつ専業的な貝類の処理が行われた背景には、それに見合う規模の集団が存在していたはずである。武蔵野台地の同時期の遺跡分布をみると、上記の遺跡群を含む中里貝塚周辺は遺跡の集中域ではなく、遺跡の規模も特に大き

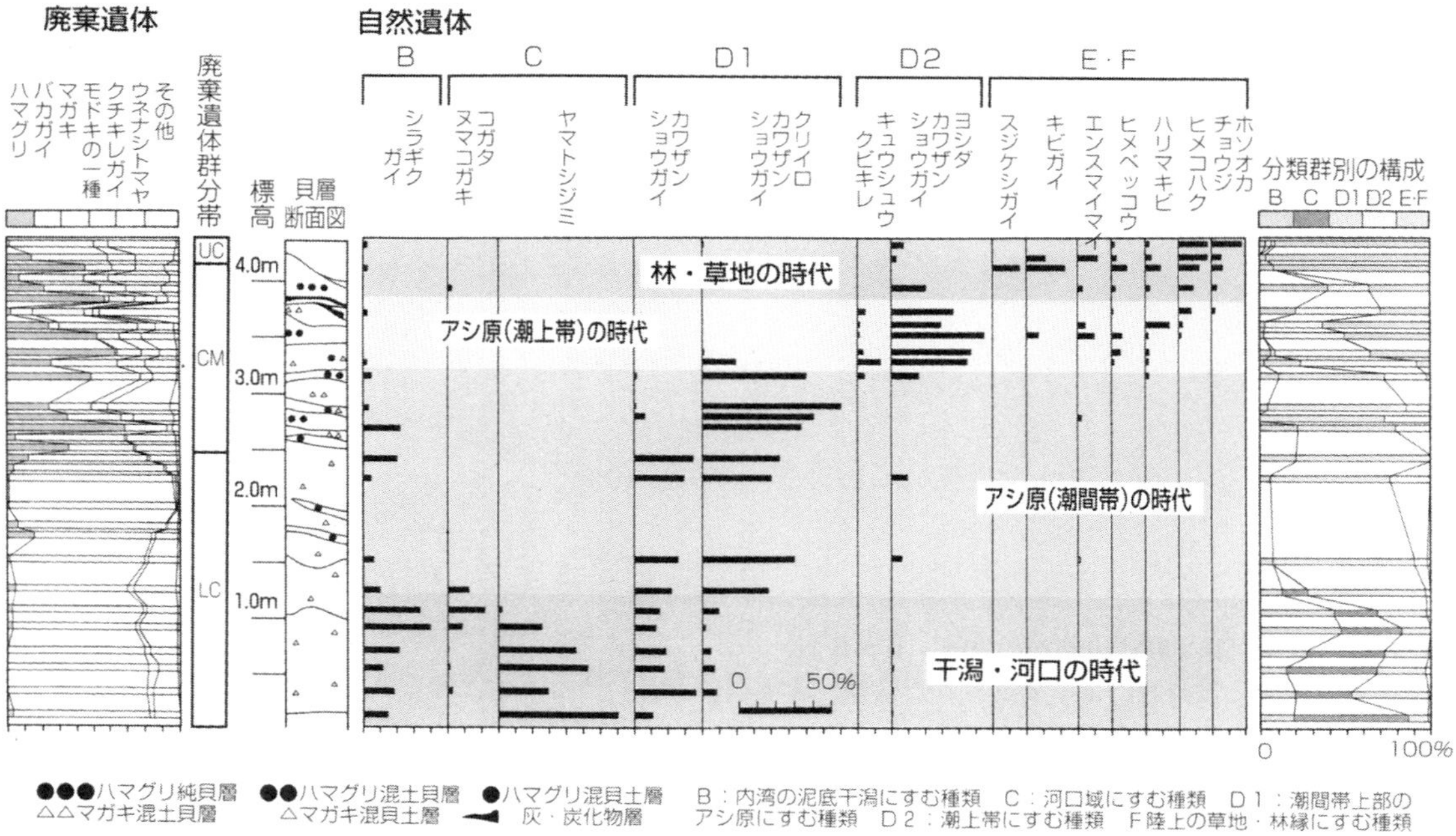

図3　中里貝塚における貝類相と堆積環境の変遷

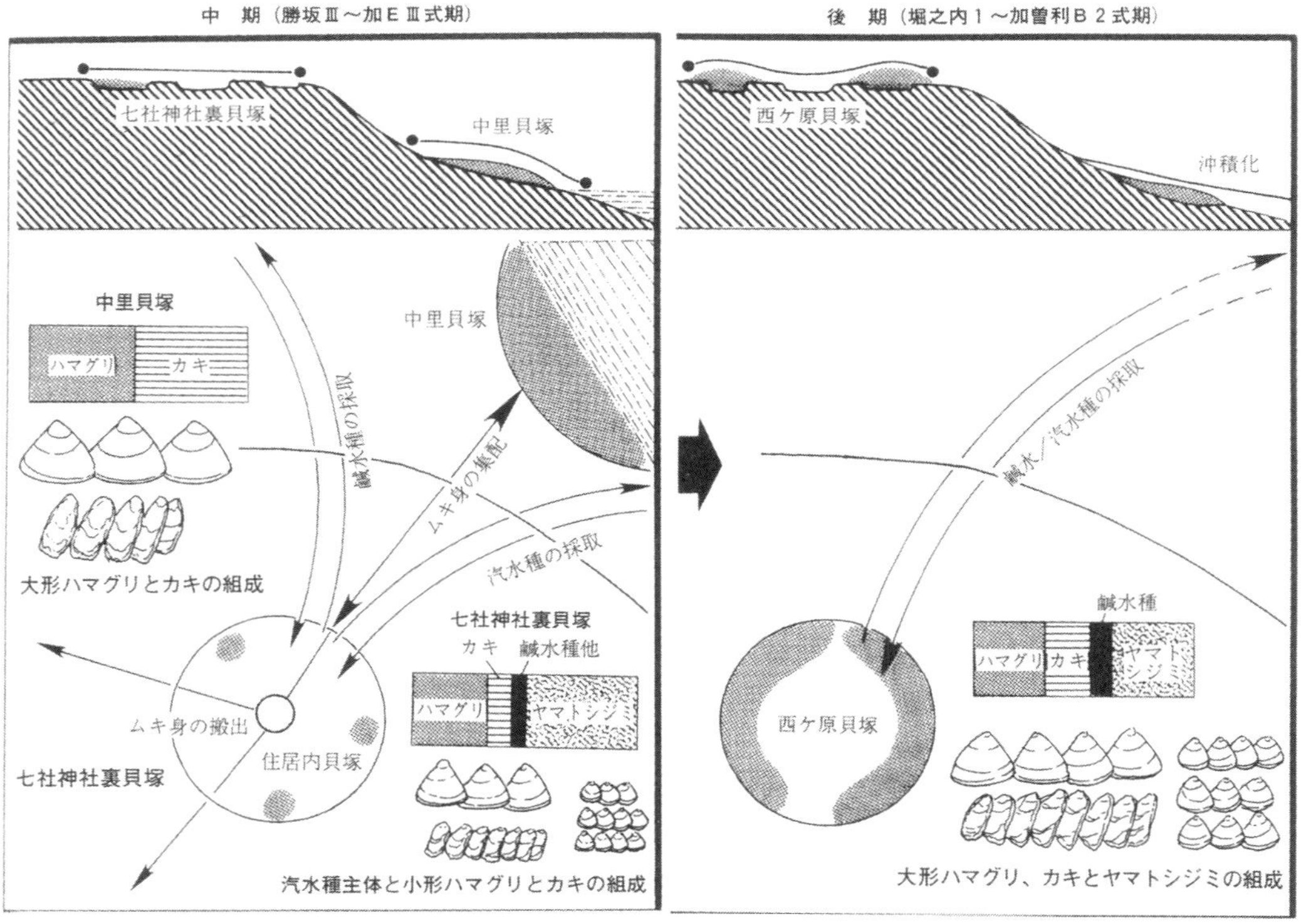

図4　中・後期における採貝活動と貝塚形成

いわけではない。遺跡が集中するのはむしろ河川の上流部で、大規模集落も多く存在する（図1）。中里貝塚で処理された膨大な貝は、これら上流域の集団に供給され、消費された可能性が高い。

大規模な発達をみた貝層形成も、後期初頭以降低調となる。近隣の袋低地や西ヶ原貝塚などでは後期前葉以降もハマグリを含む貝層の活発な形成が確認されており、後期初頭以降に貝層の形成を妨げるような急激な環境の悪化があったとは考えにくい。より関連が深いと考えられるのは社会的な事情である。中部地方や関東地方西部で中期末葉以降に集落数が激減することはよく知られている。中里貝塚の終焉はこの現象とほぼ同時に起きており、遺跡減少による広域的な貝類消費システムの崩壊がその直接的原因となったと推定される。

後期以降、貝層形成の中心は台地上に移り、西ヶ原貝塚には大規模な貝層が形成された。貝層はハマグリやヤマトシジミの小規模なブロックの集積からなり、自家消費的な性格を強めたと推測される（図4）。以上のように、中里貝塚は縄文時代中期から後期にかけての社会の変化を如実に物語る遺跡なのである。

図1　山谷文人　2000「縄文時代における干潟の利用と遺跡群―中里貝塚と周辺の貝塚との関わり―」『文化財研究紀要』第13集　北区教育委員会　図20に加筆
図2　植月　学　2001「縄文時代における貝塚形成の多様性」『文化財研究紀要』第14集　北区教育委員会　図5を改変
図3　樋泉岳二・黒住耐二・山谷文人・切通雅子　2000「貝類遺体」『中里貝塚』　北区教育委員会　第43図をもとに作成
図4　阿部芳郎　1998「西ヶ原貝塚の形成過程と遺跡群の構成」『都内重要遺跡等調査報告書』都内重要遺跡等調査団　第5図

口絵解説

「赤坂今井墳丘墓」

京都府中郡峰山町教育委員会　岡林峰夫

赤坂今井墳丘墓は、京都府中郡峰山町赤坂小字今井・ケビに所在する。一九九九年、府道安全施設建設に伴う事前調査により、弥生時代後期末に築造された国内でも最大級の大型墳丘墓であることが明らかになった。墳丘墓は中郡盆地から福田川河口へ繋がる偏狭な谷あいに突き出す樹枝状の丘陵の先端部に立地している。

墳頂部に立ってみても眺望部は開けず、またその可視範囲には同時期の集落遺跡は確認されていない点が他の墳墓との大きな立地上の差異といえる。この場所は丹後半島中心部の平野と海岸を結ぶ交通上の要衝と考えられる。

現在までの調査成果によると、墳丘墓は後世の二次利用により大きな削平を受けているが、築造当時は南北三九m、東西三六m、高さ四mの規模をもち、墳丘裾の四方にテラスを巡らす方形墳丘墓であったと考えられる。現在調査されている部分で墳丘頂部に六基、周辺テラス部分に十九基の計二五基の埋葬施設が確認されている。墳丘は地山整形と盛土を併用し大規模に築かれていたようであり、調査した範囲では盛土は最大二mの厚さにまで及ぶ。四方にめぐらされたテラスのうちは、墳丘背後（西側）の屋根を切り離し造成されたテラスは幅九mを測り、残り三方の幅が三〜五mであるのと比べると大きく切り離されている。さらに外側の部分は六〇度の角度を持って立ち上がる様子が確認され、明確に区画を設けていたことがうかがい知れる。

二〇〇〇年（財）京都府埋蔵文化財調査研究センターと峰山町教育委員会の合同調査で実施された第三次調査では、中心埋葬施設である第一主体部及び第四主体部の調査を行った。墳丘築造の契機となった人物が葬られたと見られる第一主体部は、弥生時代のものとしては最大の長辺十四m、短辺一〇・五mの巨大な墓壙《はかあな》を持つ。墓壙上面の木棺の腐朽に伴う陥没痕からは二〇〇個以上のこぶし大の円礫がずり落ちた状態で検出され、さらにその間から破砕された土器片が出土している。これらは墓壙を埋め戻した後の最後の段階での祀りを示すものと考えられ、さらに墓壙上に検出された一列の柱穴群もこれに関連した施設と考えられ、独特の埋葬儀礼が伺えるものである。墓壙内部は深さ約一・八mの二段墓壙を呈していた。墓壙内の設けられた段は均一ではなく、南側から東側にかけてスロープ状になり、東側では一段深くなっていた。この棺を運び出す際

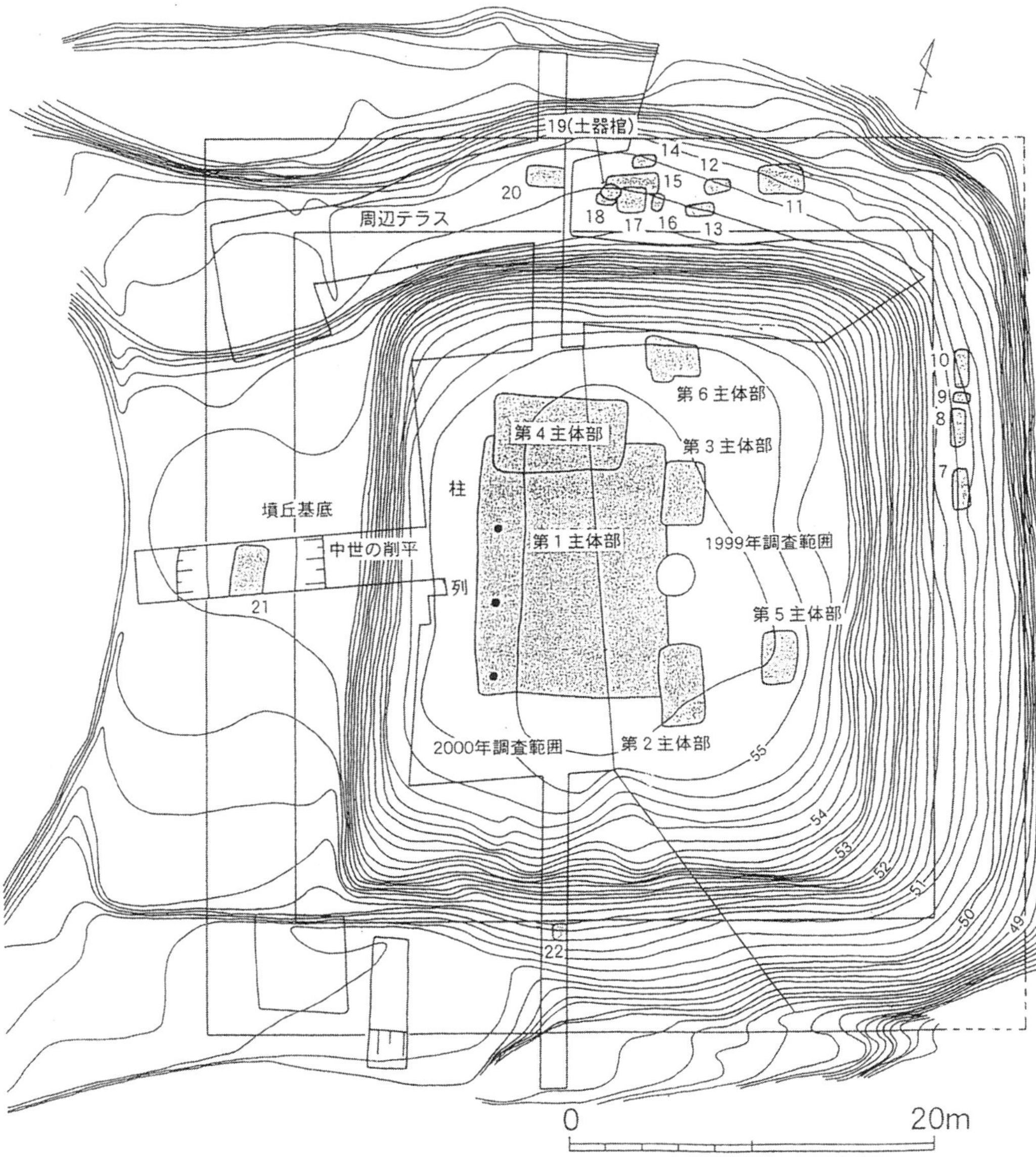

図1　京都府峰山町にある赤坂今井墳丘墓の測量図

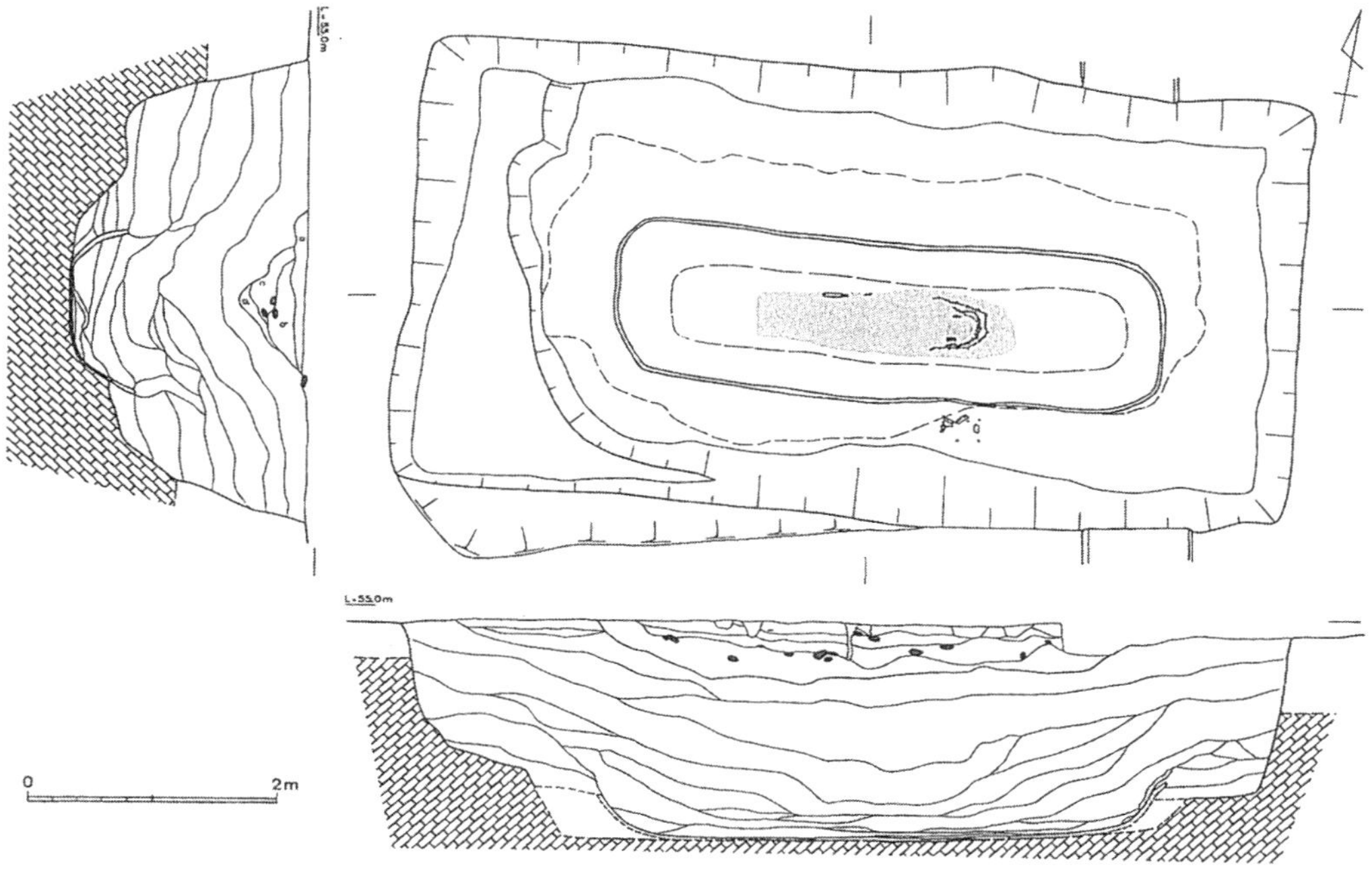

図２　赤坂今井墳丘墓の上部と側面測量図　第四主体部

の道として使用したと思われる。また、棺は未調査ながら、七m×二mの巨大な舟形状木棺であると想定される。

二五基ある埋葬施設の中で二番目に大きな第四主体部は長辺七m、短辺四・二mの大きさをもつ。一・五m掘り下げた時点で四・四×一・三mの舟形状木棺を検出した。棺内は最大厚一・五cmにわたり赤色塗料が塗布されており、遺体の頭部を取り囲んだ状況で三連の玉類が検出された。外側はガラス管玉とガラス勾玉、中側はへき玉管玉とガラス勾玉、内側は小型のガラス管玉とガラス勾玉で構成されており、さらに耳にあたる部分には小型のへき玉製管玉、ガラス勾玉を簾のように組み合わせた耳飾が検出された。これらの玉飾りは装着状況のまま埋葬されたと考えられる。また、化学分析の結果、青色ガラス管玉から珪酸銅バリウム（$BaCuSi_4O_{10}$）が検出された。これは、中国の戦国時代のから漢代にかけて使用された無機顔料で、漢代の遺物に多いことから「漢青」と呼ばれるものであり、ガラスの着色に「漢青」の使用が確認された希少な例となった。他に第四主体部の副葬品は残存長一九・二mの鉄剣、小型の鉇が出土している。

赤坂今井墳丘墓は、関係機関の協力により現状保存が決定しており、遺跡の性格・範囲確認調査は現在も継続して行われているところである。

（図は、京都府峰山町教育委員会提供）

図１　茶すり山古墳の位置

口絵解説

「兵庫県茶すり山古墳」

兵庫県教育委員会
埋蔵文化財調査事務所　岸本　一宏

兵庫県北部の和田山町に所在する茶すり山古墳は、小盆地のやや奥まった尾根突端に築造された直径約九〇mの大型円墳で、高さは約一八mである。古墳の北半分が北近畿豊岡自動車道建設予定地にあたり、兵庫県教育委員会埋蔵文化財調査事務所が平成十三年一二月～一五年二月に本発掘調査を実施した。

墳丘は二段築成で、斜面には石を葺いていたようであるが、残存箇所は少ない。円筒埴輪・朝顔形埴輪は墳頂部にめぐらせ、段築テラスにも並べていたようである。墳頂中心部から大小三棟分の家形埴輪片がほぼ一列に並んで出土し、きぬがさ・靭・ついたてなどの器財埴輪片も混じっていることから、家形埴輪を中心として各種形象埴輪を立て並べ、方形区画としていた可能性が高い。

直径約三〇mの墳頂平坦部には二基の埋葬施設があり、共に組合式木棺で東西方向を主軸としている。墳頂中央部に位置する第一主体部は、一三・六m×一〇m、深さ二・一mの三段墓壙内に粘土で被覆した木棺を収め、棺内は三枚の仕切板によって四区画していたようである。木棺は腐朽していたが、長さ約八・七m、幅・高さ共に約一mで、内面は赤色顔料を塗布していた。遺体埋葬部である中央

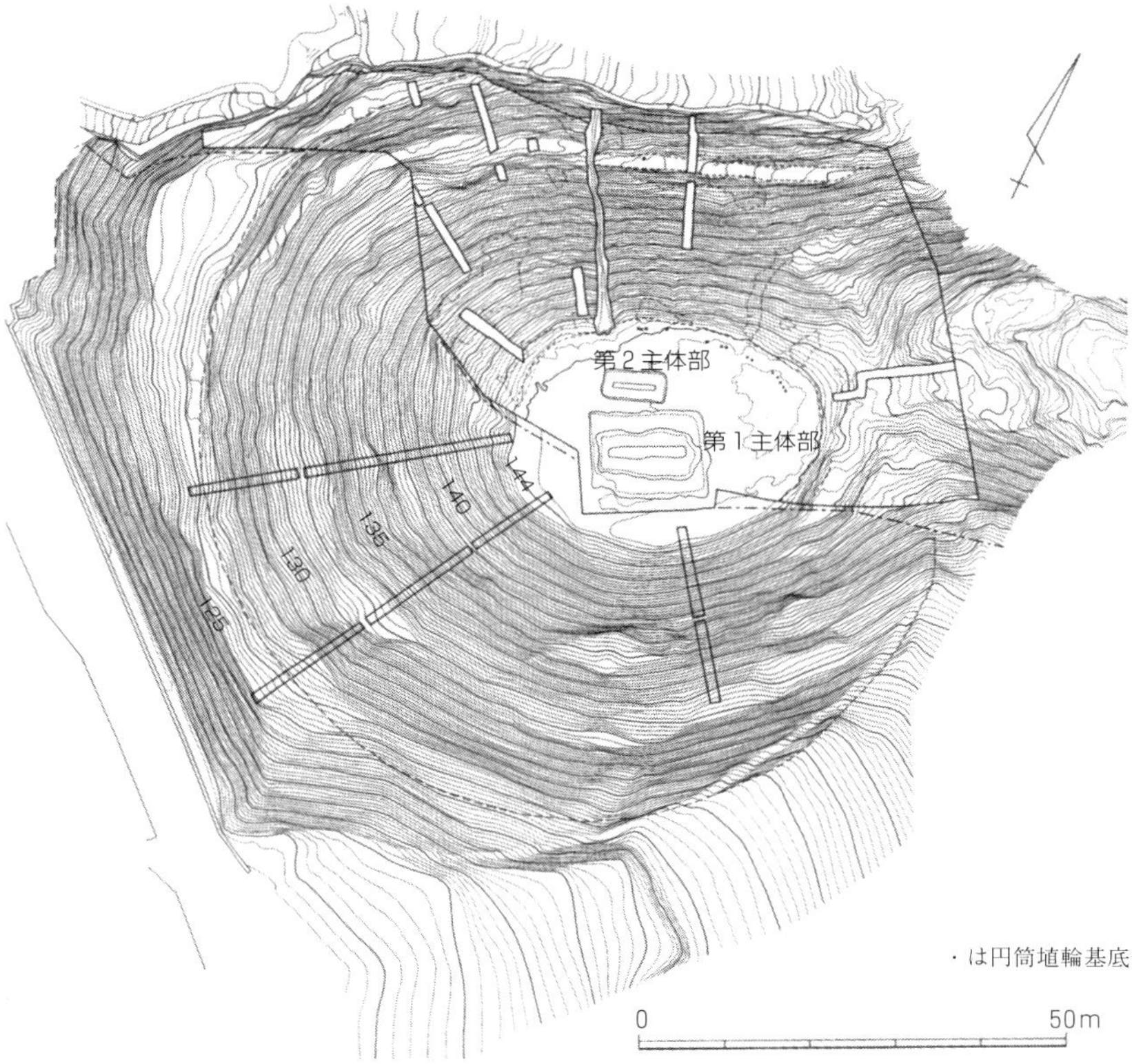

図２　茶すり山古墳の墳丘測量図

区画は長さ約二・四mにわたって小礫を敷き詰め、東側頭位に鏡三面をはじめ勾玉・管玉・ガラス玉、体側および頭位を囲むようにして刀剣（蛇行剣を含む）を配置していた。ほかに刀子・針状鉄製品・竪櫛が検出され、枕と想定できる有機質も存在した。また、盾を遺体の上に被せていたようである。東区画は長さ約二・一mの副葬品庫で、甲冑と剣（蛇行剣を含む）・鉄鏃および柄付手斧・鉄斧・刀子などの工具類を入れていた。甲は三角板革綴襟付短甲・長方板革綴短甲と頸甲・肩甲、冑は三角板革綴・竪矧板鋲留の衝角付冑で共に錣を備え、三尾鉄も出土した。また、草摺と思われる漆膜も検出し、竪櫛も認められた。なお、これらの副葬品の上にも盾を被せていた。西区画は長さ約四mの副葬品庫で二つの区画に分かれるようである。西側は長さ約一・五mで、盾を二枚重ねて置いていた。東側は約二・四mの長さで、刀二〇本と矢束（鉄鏃）二五〇本を並べた上に長柄付の槍一五本・鉾一九本を置き、その上に矢束（鉄鏃）一二〇本を乗せ、さらに盾三枚で覆っていた。

第一主体部の副葬品は棺内に限られ、甲冑二領をはじめ、槍・鉾を含む刀剣類の総数は八三本、鉄鏃にいたっては三八九本にのぼり、盾も七枚と武器、武具を大量に埋納し、工具類は少ない。また、有機質、特に漆膜の残りが良く、鉄製品と共に足の踏み場がないほど密集して検出された。刀剣装具の漆膜では、装具の形状を確認できるものが多く、中央区画のものに限り、直弧文などの文様が認められる。また、菱形文を施した槍・鉾の長柄のほか矢矧も多く残存し、盾ではほぼ全体文様が確認できたものがある。

第二主体部は、第一主体部の北側で墓壙を別にして存在し、約七・五m×約三・七m、深さ約一mの二段墓壙内に長さ約四・七m、

図３　墳頂部第１・第２主体部の位置関係（西から）

幅約〇・六m、深さ約〇・七mの木棺を収めていた。棺内は、二枚の仕切り板を掘り込んだ穴に立てて三分割し、中央区画に小礫を敷き遺体埋葬部としている。中央区画は長さ約二・二mで、鏡・刀・玉類・櫛（複合タイプ含む）・針状鉄製品が出土し、東区画は長さ約一・七mで、鎌・手鎌・鉄斧・方形板鋤先・刀子・鉇・鑿などの鉄製農工具類五〇点以上があり、長さ約〇・七mの西区画では鉄鏃一四本が束で出土した。

第二主体部でも副葬品は棺内に限られていたが、副葬された鉄製品が農工具類中心である点が第一主体部とは異なっている。

茶すり山古墳は出土遺物から古墳時代中期前半でも中葉に近い時期の所産と考えられるが、巨大古墳の中心主体部調査は全国的にも珍しいうえ、その副葬品残存状況の良好さは量の多さと共に古墳研究上の基準資料を新たに提示することとなった。また、墳丘細部の形態や棺構造・被葬者の頭位において地域的特徴を示す一方で、襟付短甲や盾文様を施した可能性がある三尾鉄・鉄柄付手斧・蛇行剣など畿内限定や畿内周辺に集中する数少なく珍しい副葬品が出土したことは、被葬者が但馬地域全体の覇権を掌握した首長であることを示し、ヤマト政権による地方支配のなかで、地域の最高首長の扱いを示す古墳時代研究の第一級資料である。

なお、関係諸機関の御尽力・御協力により、古墳は現状保存されることとなった。また、間もなく概報を刊行する予定である。

（写真・図は兵庫県教育委員会埋蔵文化財調査事務所提供）

図７　西区画東半部の鉾・槍・刀郡と鉄鏃郡
および盾１～３の出土状況（北から）

図４　西区画東端の刀群（北から）
（２０本の刀の切先をすべて西（右）に向け、装具漆膜も残存する）

図８　第２主体部棺内副葬品出土状況（西から）

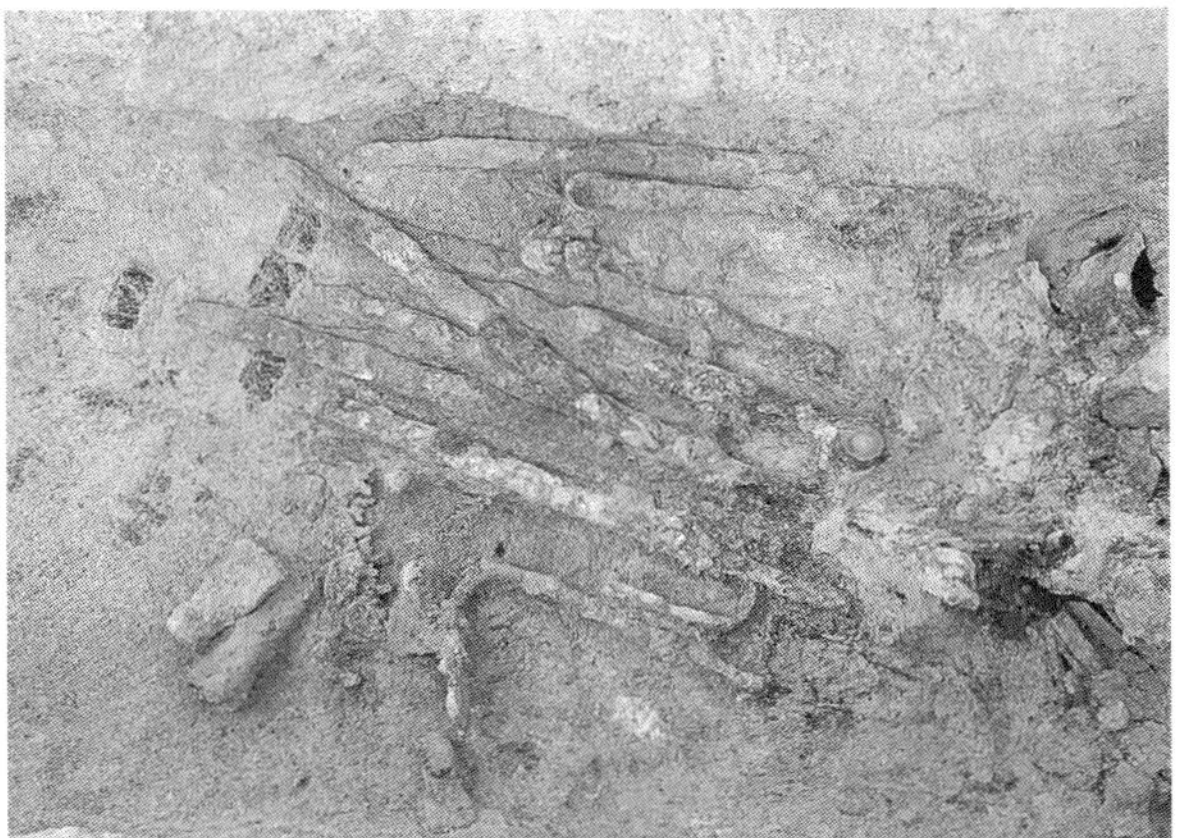

図５　東区画東部の剣・鉄鏃および鉄製工具類（北から）
（剣および鞘尻装具の漆膜・鉄柄付手斧・鉄斧などがみえる）

図６　墳頂中央部、第１主体部中央の
家形埴輪出土状況（北から）
（入母屋の大型家形埴輪が棺の腐朽に伴う落ち込みから出土した）

図１０　第１主体部２号鏡
（仿製対置式神獣鏡）

図１１　第１主体部３号鏡
（舶載連弧文鏡）

図１２　第２主体部出土鏡
（仿製浮彫式獣帯鏡）

図１３　第１主体部東・西区画出土の鉄鏃各種

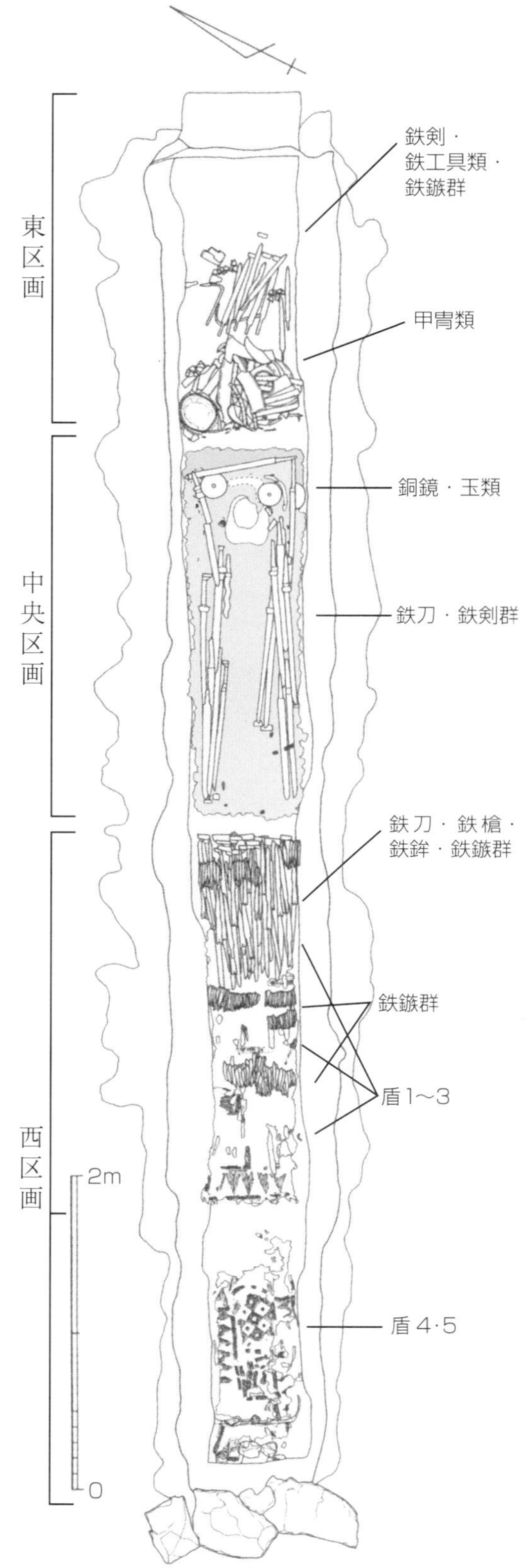

図９　第１主体部棺内副葬品出土状況

口絵解説

「平安京右京六条三坊七・八・九・十町の調査」

財團法人 古代學協会 堀内明博

調査地は、京都市右京区西院追分町に所在し、京都の市街地の西南、標高二四m程に位置する。当地は、平安京の西南、右京六条三坊にあり、東を道祖大路、西を木辻大路、北を五条大路、南を六条大路に囲まれた北側中央部に相当する。調査面積は約二〇，八八〇㎡で、中央には東西の樋口小路と南北の馬代小路が交差し、それに接する七町の西半、八町の西南、九町の東南、十町の北東が含まれる。調査の結果八町の宅地は、一町占地が予想され、その北半には左右対称形を呈する建物群が配置される。それらは八尺（二・四m）を統一基準に割り付けられ、前殿と後殿間、前殿と西脇殿間が三二尺（九・六m）と同一で、後殿と東脇殿間はその一・二五倍の四〇尺（一二m）となり規則性がみられる。その南半には縄文時代〜古墳時代の流路の窪地を利用した大規模な池状の遺構もあり建物群との関係も注目される。

また七町では『延喜式左京職式』に「凡町内開小径者・・（中略）・・、自餘町内一廣一丈五尺」の記載内容と同様な幅約四・五mの小径があり、その内容を初めて知るものとなった。一方東西の樋口小路内において平安京造営時に遡る川2が確認され、それは馬代小路の交差点より東約一五mほどで南に折れ、馬代小路の東端を沿うように西南流する。

そこから動物供養祭祀と考えられる最低三時期に亘る祭祀跡が認められた。それには十数頭分の馬の頭骨を含んだ獣骨、ミニチュア平瓶・竈、祭串、人形、土馬、木簡、墨書人面土器片などがまとまってあり、周辺から桃の種子、松明の燃えかす、黒漆塗り手箱、土器類などが認められた。さらにこの下流から、人形の形代が六体重なるようにあり、その付近から使用された篆刻の木印も出土した。

この川は九世紀前半頃に馬代小路内に付け替えられ、そこでも豊穣祈願の儀式とも考えられる祭祀の跡が非常に良好な状態で出土した。それからも四〜五歳の雄馬一頭分の獣骨、牛の骨、人形、陽物など雨乞いの儀式に用いられたと考えられる祭祀遺物や「讃岐国苅田郡白米」の荷札木簡、人面土器片、桃の種子、松明の燃えかす、土器類などが出土した。さらに銅製の巡方、円面硯、隆平永寶、承和昌寶、軒平瓦なども含まれる。またこのほかの遺構から越州窯系青磁毛彫合子の蓋、鴟尾片、宝珠硯、蹄脚硯、風字硯、銅製帯金具、灰釉鳥鈕蓋、漆器類が出土した。このように様々なもので構成され

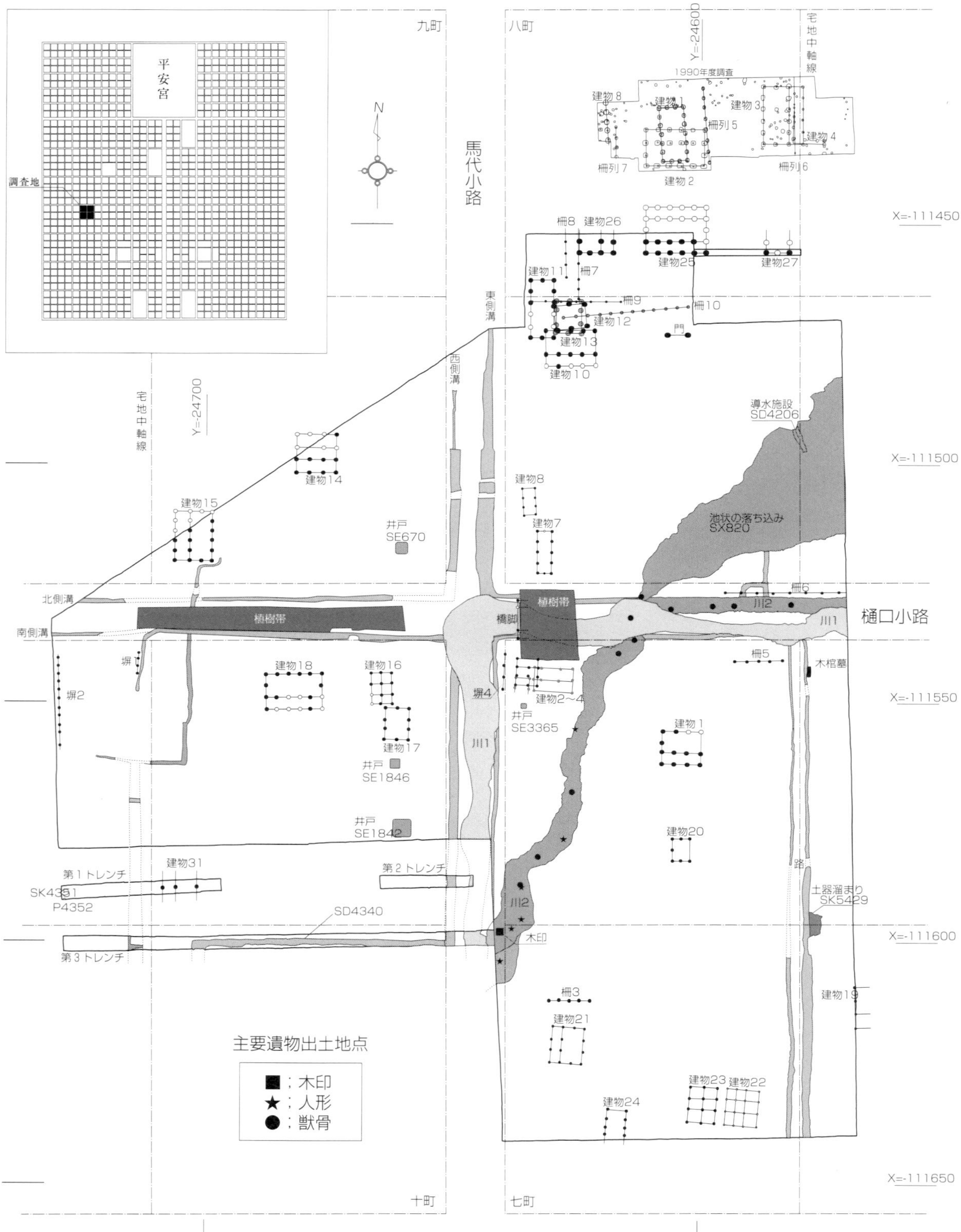

遺構概略図 scale:1/1250

たまとまりのある祭祀遺物の出土例は平安京西市以外なく、当地が祭祀に関わる重要な場所であったことが窺える。

この調査によって、今まで平安宮に近いところに大規模宅地が集中する傾向があるという従来からの見解に対し、その中心から約二・八km西南に離れたところにも一町占地を窺わせる大規模宅地が存在するという新たな事実を提供した。しかも宅地の占地規模は、九世紀代に二度の変遷を辿ることが明らかになった。

また樋口小路を跨ぐ溝や川に架けられていた橋状の施設などから七町と八町、九町と十町は相互に密接な関連があったと予想され、特に八町は七町の主要建物群に付属するような地区であったことが窺える。そして小路や宅地に入り込む川からは雨乞いの儀式とも考えられる動物供犠祭祀の跡が非常に良好な状態で出土したことも注目される。

ここでの長岡京左京六・七条三坊での疫病や悪霊が京内に入り込まないように行われた「京果ての祭り」に類似した祭祀の発見や宅地の実体は、重要な平安京の条坊制と宅地利用を知る上で重要な資料を提供したばかりか、古代都城における京域を考える上で貴重な示唆を与えた調査成果といえる。

執筆者紹介（掲載順）

斎藤　忠（さいとう　ただし）
大正大学名誉教授

小林達雄（こばやし　たつお）
國學院大學教授

石野博信（いしの　ひろのぶ）
徳島文理大学教授

岩崎卓也（いわさき　たくや）
松戸市立博物館長

坂詰秀一（さかづめ　ひでいち）
立正大学教授

植月　学（うえつき　まなぶ）
東京芸術大学　文化財保存学専攻

岡林峰夫（おかばやし　みねお）
京都府峰山町教育委員会

岸本一宏（きしもと　かずひろ）
兵庫県教育委員会埋蔵文化財調査事務所

堀内明博（ほりうち　あきひろ）
財團法人　古代學協会

季刊考古学　別冊11
日本考古学を語る―捏造問題を乗り越えて―

発行　二〇〇三年五月二十三日
監修　斎藤　忠
編者　小林達雄　石野博信
　　　岩崎卓也　坂詰秀一
編集　出版工房（有）ケンブリッジ
発行者　村上佳儀
発行所　株式会社　雄山閣
〒一〇二―〇〇七一
東京都千代田区富士見二―六―九
電話　〇三―三二六二―三二三一
FAX　〇三―三二六二―六九三八
印刷所　株式会社　秀巧堂
表紙・本文　塙　宏

URL http://www.yuzankaku.co.jp
ISBN4-639-01795-2 C0321

初めて本格的な事典　平成十五年五月末好評発売！

仏教考古学事典

Ａ５判・四七二頁　定価　本体六八〇〇円＋税　発行　雄山閣

仏教考古学事典
坂詰秀一編
初の本格的な
「仏教考古学」の事典
「仏教」、「釈迦の遺跡」をはじめ、寺院、仏像、仏典、仏具、墳墓などに関する項目および日本を中心とする遺跡を解説。
雄山閣
定価：本体6,800円＋税

前立正大学学長　文学博士
立正大学博物館長
坂詰秀一　編

仏教　釈迦の遺跡を始め、寺院、仏像、仏典、仏具、墳墓などに関する項目や、日本を中心とする遺跡を解説

本書の五大特色

一、総項目数　七六〇を厳選
二、執筆は最前線の研究者
三、五十音順配列・難解語句にルビつき
四、付録として年表・遺跡地図・基本文献を充実
五、巻末に事項・遺跡・人名の索引